Искусство Присутствия

Точки зрения из Школы Четвертого Пути,

представленные

Джирардом Хэйвеном

A Blue Logic Publication
www.bluelogic.us

All rights reserved © 2014 by

Girard Haven

No part of this book may be reproduced or transmitted in any form or by any means, graphic, electronic, or mechanical, including photocopying, recording, taping, or by an information storage retrieval system, without permission in writing from the publisher.

ISBN 978-0-615-95674-9

Printed in the United States of America

***

Напечатано Blue Logic Publication

www.bluelogic.us

© Хейвен Джирард, 2014

Никакая часть этой книги не может быть воспроизведена ни в какой форме и никаким образом, графическими, электронными или механическими средствами, включая фотокопирование, запись на пленку и/или любой другой носитель информации без письменного разрешения издателя.

Содержание

Предисловие автора *6*

Использование ключей *12*

Последовательность: Подготовка девятки червей к продлённому присутствию *28*

Выиграть в главной игре *47*

Психологическое мышление *66*

Пробуждение, умирание и рождение заново *88*

Между воскресением и вознесением *109*

Словарь *127*

Предисловие автора

I

Шесть эссе этой книги основаны на встречах и других мероприятиях, которые происходили в период с 2005 по 2010 годы. Это был период быстрых изменений в учении Содружества, и каждое эссе написано в ответ на проблемы, с которыми сталкивались студенты вследствие этих изменений. В сущности, эта книга предлагает серию моментальных снимков процесса определения и преодоления некоторых из этих проблем. Поэтому описание проблем и изменений в учении, приведших к ним, будет полезно читателю, который не испытал их на себе.

В течение трёх десятилетий со дня своего основания в 1970 году учение Содружества основывалось на интерпретациях Учителем системы, изложенной в работах Петра Успенского *«В Поисках чудесного»* и *«Четвёртый путь»*. И хотя это учение всегда имело своей основной целью пробуждение высших центров сознания, в своей начальной стадии оно фокусировалось главным образом на изучении *четырёх низших центров* и создании *управляющего*. Тем не менее, к двухтысячному году, по мере роста бытия студентов, учение вышло за пределы того, как оно было представлено Успенским, чтобы сосредоточиться больше на тех методах, благодаря которым зрелый управляющий мог бы достичь и продлить высшие состояния, которые стали называться присутствием.

Это изменение в фокусе внутренней работы сопровождалось изменением внешней формы учения. Прежде всего, роль системы и интеллектуальное понимание уменьшились, а что касается эмоциональной работы *короля червей* и в особенности *девятки червей*, то она стала главной. В действительности большая часть предыдущей работы в течение тридцати лет была обобщена и сформулирована в качестве просто воображения и низшей сути. И хотя это не было очевидно в то время, многие студенты почувствовали себя потерянными, лишившись знакомого основания системы, и это чувство стало подпитывать большинство их остальных проблем.

Например, новое направление работы потребовало нового материала, и Содружество начало исследовать все великие эзотерические традиции человечества и заимствовать у них. Это делалось путём нахождения отрывков, которые могли бы быть интерпретированы в терминах учения, такого, каким оно существовало до сих пор, и одновременно обнаруживали бы понимание нового направления движения Учителя. В частности, было определено некоторое количество «ключей», то есть слов, которые, взятые в любом контексте практически всех эзотерических традиций, могли бы иметь особый смысл с точки зрения внутренней работы, как она практиковалась в Содружестве. И хотя целью было — перебросить мост в новое понимание, многие студенты вначале восприняли эти ключи как нечто большее, чем просто код, заменяющий слова, сводя таким образом все эзотерические источники к уже существующему учению, вместо того чтобы использовать ключи, чтобы открыть и расширить это учение. Первое эссе книги «*Использование ключей*» направлено на то, чтобы устранить это непонимание.

Продолжающееся изучение Учителем других традиций в поисках новых путей объяснения работы вскоре привело к появлению *тридцати великих рабочих 'я'*, односложных слов, которыми мог бы пользоваться управляющий для привлечения присутствия и нейтрализации разнообразных проявлений низшей сути. Тридцать рабочих 'я' в дальнейшем были усовершенствованы до последовательности, состоящей из *шести рабочих 'я'*, и студентам было предложено использовать эту последовательность настолько часто, насколько это возможно, как средство для привлечения присутствия. Тем не менее, для многих студентов последовательность поначалу являлась не более чем механическим повторением слов с небольшим эмоциональным элементом или вообще без какого-либо эмоционального элемента. Это привело к появлению второго эссе этой книги «*Последовательность: подготовка девятки червей к продлённому присутствию*», которое описывало один из путей, как сделать последовательность более эмоциональной.

Более эффективное использование последовательности имело неожиданные последствия в виде пристального сосредоточения внимания на борьбе между управляющим и низшей сутью. Эссе «*Выиграть в мастерской игре*» описывает стратегии, которыми может пользоваться управляющий, чтобы доминировать в этой борьбе.

В то же время по мере быстрого изменения фокуса учения, форма, в которой оно передавалось, тоже начала развиваться. До 2000 г. ведущий обычно выбирал тему, предлагал небольшое вступление, а потом встреча была открыта для точек зрения тех, кто на неё пришёл. Эти точки зрения были в основном короткие, по возможности содержащие несколько предложений, выражающих мнение человека о предмете встречи. Эффект был в том, чтобы провести углублённую дискуссию, тема которой была бы рассмотрена с разных сторон без противоречий и споров.

Тем не менее, когда учение начало меняться, Учитель начал вести больше встреч и также взял на себя более активную роль в отношении их содержания. В частности, было привнесено больше цитат изо всех эзотерических традиций, встречи стали состоять в основном из интерпретаций Учителя и его объяснений эзотерической значимости этих цитат. Постепенно эти цитаты целиком заменили точки зрения студентов и, за исключением порядка, в котором эти цитаты читались и точных слов Учителя, которые произносились в ответ на них, эти встречи, бывшие до этого открытыми и несколько непредсказуемыми, теперь стали полностью написанными заранее.

Вдобавок к использованию цитат, Учитель начал включать образы, которые иллюстрировали то, что он хотел подчеркнуть в цитате. Поначалу только несколько изображений показывались во время встречи, но Учитель стал полагаться на них всё более и более, пока каждая цитата не начала сопровождаться, по крайней мере, одним, а обычно двумя или тремя образами, так что

Учитель стал тратить больше времени, говоря об образах, чем о цитатах. В действительности развивался язык символов, который Учитель использовал для того, чтобы описать своё видение последовательности, работы управляющего, девятки червей и переживания присутствия.

Так что к проблемам, которые возникли у студентов в связи с изменением фокуса учения, у некоторых добавились проблемы с приспособлением к форме подачи этих изменений. Когда использование цитат и образов Учителем стало свободнее, оно показалось менее логичным и на самом деле произвольным для форматорного ума. Эссе *«Психологическое мышление»* было попыткой показать, как одна из идей Успенского может быть использована для того, чтобы объяснить, что то, что делает Учитель, полностью сочетается с учением Успенского.

Это помогло некоторым студентам, но другие не смогли отбросить свои сомнения. Как кажется, все возможности доказать что-то тем 'я', которые были против и приободрить те 'я', которые хотели понять, были исчерпаны, и ничего не оставалось, кроме как дать умереть этим 'я', или, более точно, самому умереть для них. Эти возможности были рассмотрены в эссе *«Пробуждение, умирание и рождение заново»*.

Последнее эссе этой книги *«Между распятием и вознесением»* было написано несколько лет спустя и не было ответом на затруднения учеников Школы. Скорее это было попыткой изучить природу следующего уровня работы индивидуальной эволюции. Так что нет необходимости рассматривать эссе в контексте эволюции учения, ибо этот контекст до сих пор проживается.

II.

Несколько слов о форме этих эссе. В сущности, это отредактированные записи встреч, поэтому они состоят из цитат, за которыми следуют мои комментарии. В основном, все изображения, которые иллюстрировали цитаты, были пропущены, за исключением нескольких случаев, когда они упоминались в тексте и обычный читатель мог быть с ними незнаком. Единственное исключение всему этому – *«Пробуждение, умирание и рождение заново»*, которое основано не на встрече, но является отредактированной записью разговора за завтраком. Вместо того чтобы использовать заранее выбранные цитаты как основу дискуссии, присутствующих за завтраком попросили задать вопросы и высказать свои точки зрения. В тексте они оформлены как цитаты, но помечены как исходящие от студентов.

Ещё одну вещь нужно объяснить. Большинство из того, что написано в книге Успенского *«В Поисках чудесного»* выглядит как прямые высказывания Гурджиева. Цитируя эти отрывки из книги, некоторые студенты приписывают эти слова Гурджиеву. Тем не менее, я предпочитаю думать обо всей этой книге как о работе Успенского и что он использует голос Гурджиева скорее как литературный приём. Поэтому я стараюсь приписывать всё, что я беру из книги *«В Поисках чудесного»*, Успенскому, независимо от того, сказано это или нет голосом Гурджиева.

В конце, я хотел бы выразить признательность за те помощь и поддержку, которую я получил от моих друзей студентов в Содружестве, с особой благодарностью Карлосу Лаббате, который первым сделал *«Использование ключей»* и *«Последовательность»* доступным членам Содружества в печатном виде. И как всегда, я остаюсь в неоценимом долгу благодарности перед моим учителем Робертом Бёртоном и великим Влиянием С. Без их любящей поддержки то, кем я являюсь, и всё, что я приобрёл, было бы абсолютно невозможно.

Джирард Хэйвен, Сентябрь, 2010

Использование Ключей

(Составлена из материалов встречи в Галерее, от 3-го апреля 2005 года, с добавлением точек зрения взятых со встречи, состоявшейся в Сантьяго, Чили, 1-го июня 2005 года)

Евангелие от Филиппа: *Имена, которые даны вещам земным, заключают великое заблуждение, ибо они отклоняют наши мысли от того, что верно, к тому, что не верно. Так что тот, кто слышит слово Бог, не постигает то, что верно, а постигает то, что не верно. Также с Отцом, Сыном и Святым Духом и с жизнью, светом, воскресением и всем остальным. Люди не постигают то, что верно, а постигают то, что не верно, разве что уже постигли то, что верно.*

Предназначение ключа в том, чтобы открыть замок, что, в свою очередь, позволяет, например, открыть дверь, таким образом обнаруживая что-то, что было скрыто до этого. Но чтобы ключ имел какую-либо ценность, человек должен знать замок, к которому этот ключ подходит, и как пользоваться ключом, чтобы открыть этот замок. Затем человек должен открыть дверь, и, в конечном счёте, пройти сквозь эту дверь, чтобы достичь того, что было недоступно для него перед этим.

Ключи, которыми пользуется Учитель, интеллектуальны: они говорят нам, что определённые слова, использованные в эзотерическом контексте цитаты, имеют особый смысл в терминах работы. Затем появляется возможность воспользоваться этим интеллектуальным ключом, чтобы «отпереть» цитату и получить доступ ко всем эмоциональным ассоциациям и связям с работой. Эти эмоции в свою очередь позволяют человеку войти в царство присутствия.

Тем не менее, форматорный ум удовлетворяется тем, что

просто вставляет ключ в замок. То есть он просто удовлетворён всего-навсего заменой слов и прочтением цитаты или точки зрения на языке работы вместо языка Библии или языка суфиев. Например, слово «Господь» является ключом к присутствию, но увидев это слово, форматорный ум, удовлетворяется простой подменой его на слово «присутствие». Однако, слово «присутствие» скорее дверь. Оно имеет смысл лишь настолько, насколько мы знакомы с присутствием – настолько, насколько мы *знаем*, что такое присутствие. Открыть эту дверь – значит получить доступ к большему количеству опыта и эмоционального смысла. Как только мы начинаем думать о Господе, как о присутствии, весь наш опыт присутствия – всё, что мы изучали об этом, вся наша работа, которую мы проделали в отношении присутствия – может соединиться с этой цитатой и таким образом с моментом. Истинная причина, по которой нам были даны ключи, состоит в том, что благодаря им, мы можем получить доступ к эмоциональному пониманию, что в свою очередь может быть использовано девяткой червей для поддержания и продления присутствия.

Более того, каждое из слов, которое мы используем как ключ, было избрано сознательными существами для передачи их особого аспекта опыта присутствия. Другими словами, они отражают ту точку зрения на этот опыт, которую данное сознательное существо хотело бы подчеркнуть. Таким образом, мы можем сказать, что разные ключи подходят к разным замкам – они открывают несколько различные двери – так что нам следует изучать, как использовать каждый из них.

Это тот подход, которым я собираюсь пользоваться здесь: подобные слова — суть разные точки зрения и, как с любой точкой зрения, человек должен знать, когда употреблять её и, в особенности, когда употреблять её для того, чтобы открыть двери присутствия в себе. Итак, мы рассмотрим слово «Господь» как определённую точку зрения на опыт присутствия, слово «Небеса» как другую точку зрения, «Любовь» – как ещё одну и так далее.

Чтобы проиллюстрировать это, я хотел бы исследовать

несколько слов Системы, потому что в этом смысле Система сама состоит из ключей. Нам хотелось бы думать о том знании, что представлено в Системе, как о чем-то более объективном и реальном, но это в основном потому, что мы работали с её терминами много лет и знаем более точно, что они означают. Когда мы посмотрим на эти цитаты в свете того, какую точку зрения каждая из них представляет, мы двинемся дальше к другим ключам, что были даны нам для присутствия и проверим, какие точки зрения они могут собою представлять и как мы можем применять их, то есть, как управляющий мог бы использовать их для поддержания и продления присутствия.

Пётр Успенский: *Третье состояние сознания — это самовоспоминание или самосознание.*

В сущности, Успенский говорит, что третье состояние означает самовоспоминание, что это ключ к самовоспоминанию. И всё же, когда человек думает об этом, он понимает, что «третье состояние» есть другой способ взглянуть на вещи, чем «самовоспоминание». Тогда как самовоспоминание представляет определённое действие, третье состояние -- более абстрактный термин. Когда мы думаем о третьем состояниии, мы думаем в терминах сознания и его состояний. Когда мы думаем о самовоспоминании, мы думаем о некотором виде усилия. Конечно, человек не может быть в третьем состоянии без того, чтобы не сделать усилия, и всякий раз, когда человек делает это усилие, он более пробуждён. Таким образом, оба слова относятся к одной и той же вещи, но иногда я нахожу, что более полезно думать об этом в терминах состояний сознания, когда пытаешься достичь высшего состояния, а иногда лучше думать об этом в терминах определённого усилия, которое требуется совершить.

Пётр Успенский: *С самосознанием, что есть третье состояние сознания, мы приобретаем функцию, которая называется высшей эмоциональной, хотя она в равной степени является и интеллектуальной, потому что на этом уровне не существует разницы между эмоциональным и интеллектуальным.*

В этой цитате Успенский рассматривает третье состояние сознания с точки зрения функций и говорит, что мы приобретаем новую функцию или способность, которая называется высшим эмоциональным центром. Когда мы говорим о состояниях, мы имеем в виду качество внимания или сознания, которое использовалось нами, но когда мы думаем в терминах высших центров, ассоциации будут связаны скорее со способностями, которых человек не имеет во втором состоянии сознания. И опять будет время в работе человека, когда думать одним образом – с одной из этих точек зрения – будет более эффективно, чем другим.

Пётр Успенский: *Постоянное «Я» не появляется всё сразу. Все иллюзорные 'я' исчезают понемногу, и реальное «Я» постепенно становится всё сильнее и сильнее в основном через самовоспоминание.*

Здесь Успенский говорит нам, что реальное «Я» или постоянное «Я» — это другой способ говорить о самовоспоминании. Но понятие «реальное Я» передаёт другое ощущение, чем «третье состояние», самовоспоминание или высший эмоциональный центр и таким образом может быть использованно по-другому. Это особая точка зрения подчёркивает тот факт, что присутствие есть нечто постоянное, нечто, имеющее единство и не подвержено изменениям, как многие 'я'. Есть моменты, когда идея некоего единства и постоянства внесёт правильный вид эмоций и усилий в работу человека. В особенности это происходит тогда, когда энергия, которая появляется от осознания своего недостатка единства в моменте, может быть употреблена для создания эмоции, которую девятка червей использует затем для того, чтобы присутствовать.

Учитель: *Шоки производят третье состояние и вносят присутствие, позволяя нам познавать себя. Трансформация страдания позволяет нам продлевать третье состояние и быть собой.*

Здесь Учитель объясняет свой язык в терминах

Системы. В особенности, на мой взгляд, он использует слово «присутствие» как общий термин для всего, что сопровождает состояние пробуждения. Присутствие, так или иначе, означает и самовоспоминание, и третье состояние, и в том числе, как это следует из того, что было сказанно им недавно, подразумевает комбинацию высших центров и управляющего, работающих вместе. Кроме того, как мне кажется, такие вещи как суфийская поэзия, Библия, Таро, Египетские тексты и тому подобное позволяют нашему Учителю говорить куда более эмоционально о присутствии, чем позволяла ему Система в передаче Успенского.

Будучи сам интеллектуально центрированным, я должен признать, что нахожу Систему в передаче Успенского чарующе интеллектуальной. Только подумайте об этом: термины первое, второе, третье и четвёртое состояние — совершенно интеллектуальны, и мы находим их эмоциональными только потому, что работаем с ними уже много лет. Или возьмите термины влияние А, влияние В и влияние С. Я пытался, но не смог найти менее эмоциональный способ сказать об этом.

Но машина Учителя эмоционально центрирована и одна из вещей, которая вдохновляет меня — видеть его вдохновение, когда он находит более эмоциональные способы передачи своим студентам своего опыта присутствия. Каждый раз, когда он находит ключ к цитате, открывающий в ней присутствие, у нас появляется шанс понять существование так, как его переживает наш Учитель. Когда он испытывает третье состояние, это не просто состояние один, два, три, — это поразительный эмоциональный опыт.

Мы все более или менее знакомы с терминами Системы, но теперь Учитель дал нам много новых терминов. В оставшееся время этой встречи мы постараемся рассмотреть некоторые ключи к присутствию в надежде увидеть, что не смотря на то, что они похожи, каждый из них обладает своим небольшим отличием. Таким образом, мы сможем более точно понимать и использовать их.

Коран: *Служи Господу своему, пока не придёт к тебе определённость.*

Учитель сказал, что слово «Господь» означает присутствие и что все места в Библии, где используется слово «Господь», относятся к собственному присутствию человека. Это тот случай, когда слово имеет особый эмоциональный смысл. Отчасти это идея определённости, идея чего-то, что значительно больше, чем обычная человеческая личность. Это один из способов рассматривать присутствие. Позже мы будем изучать такие ключи, как «друг» или «возлюбленный», которые ближе к уровню человека, но «Господь» всегда нечто отдельное, нечто высшее, нечто более мощное. Например, в точке зрения «самовоспоминание есть самозащита», человек скорее будет думать о присутствии как о «Господе».

Руми*: Небеса защищены от всех видов беспокойства. Но земля полна борьбы и сражений.*

«Небеса» — ещё одно слово для присутствия, а мир — или здесь «земля» — относится к четырём низшим центрам. В этой цитате подчёркивается, что присутствие есть нечто отделённое от земли и что беспокойство, страдание и борьба существуют только на земле. Присутствие — это небеса, а небеса подразумевают радостное состояние, некое отделённое и защищённое от смятения и сражений четырёх низших центров место. Это похоже на идею «Господа», но уже без ощущения мощи, которая сопровождает слово «Господь». Со временем, когда человек научится фотографировать хаотическое состояние четырёх низших центров, идея небес, как того, с чем можно сравнить присутствие, может стать очень эмоциональной, а это как раз та энергия, которая нужна человеку, чтобы войти в высокое состояние.

Упанишады*: Веди меня от нереального к реальному! Веди меня от тьмы к свету!*

У меня были две причины, чтобы выбрать эту цитату для встречи. Первая: свет есть ещё один ключ к присутствию. Присутствие освещает машину, приносит свет в жизнь человека.

Вторая: на примере этой цитаты видно, что многие из ключей включают в себя противоположные понятия: свет и тьма, сон и пробуждение, небеса и ад, — и это то, как во втором состоянии работает машина. Например, в тот момент, когда мы понимаем, что мы во тьме, идея присутствия как света может быть очень эмоциональной. Или когда мы понимаем, что это настоящий ад — быть отождествлённым с четырьмя низшими центрами, в форматорном уме мгновенно возникает идея небес, а идея небес означает самовоспоминание, она означает присутствие.

Этот аспект ключей может быть очень полезным, потому что он позволяет естественному функционированию машины во втором состоянии вызывать идею присутствия или самовоспоминания, или света, или любую другую рабочую идею. Таким путём человек может намеренно использовать форматорный аппарат, благодаря его совершенно механической природе.

Руми: Когда солнце встаёт и движется, оно светит везде и защищает и восток и запад.

Солнце — источник света. Оно само по себе ключ к присутствию. Но солнце значительно более определённый образ, чем свет. Свет более абстрактен, солнце же физически — источник света и тепла. Оно очень мощное, и даже когда мы его не видим, оно находится на своём месте. Оно совершенно безразлично к событиям, происходящим на земле.

Более того, наш Учитель указал на то, что восток — это место, где солнце встаёт – начинается присутствие, а запад — это место, где солнце садится, так что когда Руми говорит, что солнце защищает и восток и запад, это означает, что пока человек присутствует, его присутствие будет его защитой. Соответственно, когда машина человека ощущает тревогу и уязвимость, девятка червей может изменить это ощущение путём намеренного

внесения эмоционального понимания, что присутствие есть защита, подобная солнцу. Я редко переживаю присутствие, которое так же ясно и постоянно, как солнце. Но мне приятно думать, что когда-нибудь оно будет таким.

Свеча даёт свет, так что пламя свечи тоже ключ к присутствию, но это совершенно другой вид присутствия, чем тот, что представлен солнцем. На самом деле, я обнаружил, что пламя свечи даёт более точное описание того, как присутствие обычно проявляется во мне. Оно слабое и неясное, и требуется работа, чтобы поддержать его. Мы пытаемся не дать пламени присутствия погаснуть на постоянном и сильном механическом ветру. Время от времени мы теряем наше присутствие, и поэтому этот образ становится очень эмоциональным, и эмоциональный центр понимает мгновенно, какой вид усилий требуется для поддержания присутствия. 'Я' о продлённом присутствии или о том, что нужно помнить себя, не могут иметь такой силы, как этот простой образ драгоценной свечи, пламя которой должно быть защищено.

Аттар*: Истинно любящий найдёт свет только тогда, когда, как свеча, он полностью сгорит.*

Если пламя свечи представляет собой присутствие, то тогда сама свеча—это «машина», и в особенности «управляющий», который должен сгореть, чтобы поддержать это пламя. Другими словами, свет присутствия производится путём трансформации собственной механичности; человек сам является своим собственным топливом. Я бы пользовался подобной идеей, когда появляются 'я', которые говорят: «у меня нет сил», «сейчас неподходящее время», «я устал», «я не хочу помнить себя сейчас». Чтобы противостоять этим 'я', человек должен воспользоваться пониманием того, что не нужно ничего внешнего: ни прекрасные впечатления, ни великолепное окружение, поскольку, подобно свече, я сам есть топливо. Используя такой образ мышления, можно увидеть, что эти самые 'я' и связанные с ними негативные эмоции на самом деле являются топливом. Более того, эмоций девятки червей, связанных с этим пониманием, хватит на то, чтобы зажечь этот огонь. Так можно взять обыкновенную ситуацию и использовать её для того, чтобы произвести присутствие, вместо того, чтобы позволить низшей сути воспользоваться ей для того, чтобы увести человека от присутствия.

Мухаммед*: Удивительно, что тебя нужно отрывать от того, что тебя мучает, и тащить в этот весенний сад, но это то, как оно есть на самом деле.*

«Сад» — это ещё один ключ к присутствию. Сад — это место, где природа (то есть сущность) приводится в порядок и получает образование. Вне сада царит хаос, – и тысячу лет тому назад там было довольно опасно, – но сад—это безопасное и гостеприимное место. До некоторой степени сад подобен небесам, но он значительно ближе. Сад находится снаружи; ты только должен повернуть ключ и открыть дверь.

Руми: *Стремись к любви, ибо это драгоценность твоей сущности.*

«Любовь» — это ещё один ключ к присутствию. Конечно, с любовью у нас есть ясный эмоциональный подход к присутствию, нечто значительно более связанное с опытом пребывания в сущности, когда сущность находится под контролем или образована. Как образ присутствия «любовь» сильно отличается от «третьего состояния», хотя оба термина вполне совмещаются.

Руми: *Влюблённый страстно следует за возлюбленным—когда возлюбленный приходит, влюблённого уже нет; как тень, влюблённая в солнце — когда солнце пришло, тень исчезает.*

Здесь влюблённый – управляющий, а возлюбленный – высшие центры или присутствие. Эмоциональная идея возлюбленного есть идея чего-то того, по отношению к чему человек испытывает страсть, чего-то такого, к чему он стремится, чего-то того, что ему не достаёт, чего-то того, что он желает, но часто не имеет. Это представляет собой особое эмоциональное отношение девятки червей к высшим центрам, в особенности, когда они ещё не присутствуют.

`Однажды, когда у меня проходил обед с группой студентов, был задан вопрос о разнице между поддержанием и продлением присутствия. Было дано много хороших точек зрения о том, как отличаются усилия и триады в том и другом случае. Затем, может быть, через пятнадцать минут, мы каким-то образом заменили слово «присутствие» на слово «возлюбленный» и вопрос стал таким: какова разница между стремлением к возлюбленному и пребыванием с возлюбленным? Мгновенно всё стало совершенно ясно. По крайней мере, всё стало ясно для эмоционального центра, хотя я не уверен, что мой интеллектуальный центр может лучше объяснить разницу между стремлением к возлюбленному и пребыванием с возлюбленным, чем он это делал, когда слово было «присутствие».

Но эмоциональный центр понял. Это продемонстрировало мне силу ключей. Иногда то, что кажется вопросом, сформулированное одним путём, перестаёт быть вопросом, когда мы находим правильный ключ.

Рабия: *Я убежала от мира и от всего, что есть в нём. Моя молитва—о единение с возлюбленным; оно—цель моих желаний.*

Эта точка зрения выражает идею возлюбленного как цели, которой ты стремишься достичь. Более того, она говорит не только об эмоции, но и силе этой эмоции. Таково одно из качеств развитого управляющего. Он желает быть пробуждённым так же страстно, как некоторые желают соединиться со своими возлюбленными.

Хафиз: *О возлюбленный, перед лицом тысячи армий, с тобой на моей стороне, я не испытываю страха.*

В компании возлюбленного или возлюбленной – тут я вижу возлюбленного как мужчину или женщину — многие из нас переживали моменты, когда мы понимали, что нечего бояться, что мир совершенен. Так что в этой цитате мы опять видим присутствие как убежище, как защиту. Ключ «Господь» имеет такой же смысл – как сказано в двадцать третьем псалме: «Я не убоюсь зла, потому что Ты со мной» — но это ощущается совсем по-другому, чем с возлюбленным. И опять: состояние присутствия не есть то или это, оно каким-то образом и то и другое одновременно.

Ираки: *Каждый в этом мире что-то хочет. Я не желаю ничего, кроме губ возлюбленного.*

«Каждый в этом мире» — это, конечно, десять тысяч 'я', и все они имеют свои собственные желания. Эта цитата показывает, как идея желания или стремления к возлюбленному может создать эмоцию достаточно сильную, чтобы преодолеть всё, что ищут многие 'я'. Идея возлюбленного связана с силой желания управляющего присутствовать, с тем, что оно сильнее, чем все остальные желания.

Хафиз: *Ты сейчас с другом. Узнай, какие твои действия доставляют ему наслаждение, какие твои действия дарят свободу и любовь.*

Чувства, которые человек испытывает, находясь с другом, отличаются от чувств к возлюбленному или к Господу. Чувства к другу передают более простое ощущение пребывания с высшими центрами. Присутствие как хороший друг. Управляющий и его друг вместе наслаждаются жизнью. Я обнаружил, что идея присутствия как друга особенно полезна, когда пытаешься продлить присутствие. Для меня идея возлюбленного больше связана со способом привнесения энергии, необходимой для поиска и попыток произвести присутствие, но я обнаружил, что эту энергию труднее контролировать, когда присутствие уже достигнуто. Продление присутствия, кажется, пользуется другим видом энергии, и я обнаружил, что значительно легче привнести эту подходящую энергию, когда я думаю о присутствии как о пребывании с другом. Это может быть также связано с той точкой зрения, что управляющий должен уйти, когда появляется присутствие: интенсивная энергия, требующаяся для производства присутствия, должна уступить место энергии, которую можно поддерживать более длительное время.

Все эти точки зрения — «солнце», «Господь», «возлюбленный» и «друг»— помогают человеку понять, в чём заключается роль управляющего. Некоторые из них, например, о солнце и Господе, ставят присутствие на очень высокую шкалу, так что управляющий может только служить. В случае с другом

есть вполне определенное ощущение, что управляющий, — т.е. та часть в нас, которая хочет работать, но не является третьим состоянием, — близок к присутствию. Между ними есть некая разновидность дружбы, и они могут сотрудничать. Я думаю, что это очень хороший способ описания этой ситуации. «Джирард» не пробуждается — пробуждается нечто иное, – но в то же время мы можем быть друзьями.

Египетские тексты: *Тебе нужно ходить своими ногами, тебе не следует ходить вверх ногами.*

Мы начинаем делиться точками зрения о продлении присутствия. Среди ключей, которые мы используем для продления присутствия, есть «питьё», «стояние», «хождение», «танец» и «полёт». Всё это образы из двигательного центра, которые уже говорят кое-что о том типе энергии, о том виде эмоций, в которых нуждается управляющий, чтобы продлевать присутствие, а не поддерживать его или производить.

В этой цитате «ноги» — это ключ к интеллектуальным частям центров, а «хождение ногами» есть поддержка интеллектуальными частями центров присутствия. «Хождение вверх ногами», с другой стороны, представляет собой продлённое воображение. Если вы вспомните эту картинку, когда сфотографируете себя в воображении, она ясно указывает, что нужно делать. Вы должны перевернуться. Вы должны встать на свои ноги, что предполагает намеренное усилие. Это усилие заключается в том, чтобы связать себя опять с землёй, и, вероятно, можно начать с реальной земли, которая находится у нас под ногами. Самого по себе этого усилия может быть недостаточно, чтобы произвести третье состояние, но все же его хватит на то, чтобы привести вас ближе к нему. Когда же вы почувствовали, что вы твердо стоите на ногах, вы можете начать думать о поиске возлюбленного.

Евангелие от Марка 5:41-42*: ... и входит туда, где девица лежала. И, взяв девицу за руку, говорит ей: «талифа куми», что значит: девица, тебе говорю, встань (самовоспоминание появляется). И девица тотчас встала (продлённое присутствие) и начала ходить, ибо была лет двенадцати (мир двенадцать).*

Эта цитата поражает своей простотой: «девица тотчас встала». Она не начала прыгать и скакать от счастья. Она не побежала в объятия матери и не расплакалась. Она не зашаталась и не начала спотыкаться, хотя очевидно была мертва, а теперь воскресла. Она просто встала и начала ходить. Прочтя это, я понял, что большинство моих усилий по продлению присутствия сопровождал неправильный вид энергии. Я или находился в дамах или чувствовал себя так, как будто я взбираюсь в гору, а не просто иду. Теперь я пытаюсь научиться просто идти. Эта идея помогла мне найти правильную триаду, правильный тип энергии, с которым можно продлевать присутствие. Человек просто идёт целенаправленно и намеренно. Это не сражение, это просто ходьба, – может быть, прогулка с другом в саду.

Аль-Халадж: *Любовь означает, что ты продолжаешь стоять перед лицом своего возлюбленного.*

Учитель объясняет этот ключ, говоря, что «стоять» — значит производить присутствие, а «продолжать стоять» — это продлевать его. Неподвижно стоять — простой вид деятельности, требующий, тем не менее, некоторого усилия, он похож на идею хождения, однако, я нахожу, что для меня более эмоционально хождение и связанное с ним ощущение движения..

Кабир: *Сегодня я научился ходить без помощи ног.*

Если ноги представляют собой интеллектуальные части центров, поддерживающие присутствие, тогда хождение без помощи ног являет собой такой уровень присутствия, который не нуждается в помощи королей центров. Ключи отражают шаги к этому состоянию. После хождения идёт танец. Танец, возможно, даже танец с возлюбленным,— это ещё более продвинутый уровень, чем простое хождение. Действительно, я обнаружил, что иногда очень полезно думать, что моё хождение, даже если это и не танец, имеет определённую грацию или движение, намеренно передающее радость присутствия.. Затем идёт идея полёта (хождения без помощи ног) или вращения, подобно дервишу, как сказано у Руми: «Я кружился до экстаза». Здесь дан очень красивый ряд: стояние, хождение, танец, вращение и затем полёт.

В этом месте присутствие человека больше не находится под властью законов, которые принадлежат земле. Оно находится на уровне, недостижимом для человека номер четыре, — по крайней мере, только в результате его собственных усилий. Иногда нам даётся опыт, который значительно превышает наши собственные возможности. Я думаю, что такие подарки дарятся нам для того, чтобы мы знали о том, что возможно. А потом мы находим себя снова лежащими на земле, пытающимися встать. И я всё ещё во многом нахожусь на уровне того, кто учится ходить, ходить со своим другом. Приятно думать, что однажды я буду летать.

Последовательность

Подготовка девятки червей к продлённому присутствию

(Составлено из серии встреч проведённых в Милане, Бухаресте и Киеве в июле 2006, завершением чего стала встреча в Аполло 9-го августа.)

Льюис Кэрролл: Он думал, что видит дверь в сад, которая открывается ключом: он посмотрел опять и обнаружил, что это двойное правило трёх.

Недавно я использовал различные названия последовательности как основу для серии встреч, исследуя эмоциональные отношения, которые девятка червей могла бы иметь к последовательности. Любопытно, что вскоре после того, как я подготовил эти встречи, Учитель так же провёл встречу на тему: «Бесчисленные имена последовательности». На этой встрече Учитель фокусировался в основном на том, что, несмотря на бесчисленные названия, последовательность всегда одна и та же; целью на встрече, которую я вёл, было воспользоваться преимуществом наличия этих разных названий, чтобы взглянуть на последовательность с разных точек зрения. Подход Учителя, похоже, характеризовался тем, что я понимаю как точку зрения высших центров. Они видят единство: в частности, они видят такое явление как последовательность как нечто целое, поэтому разные названия последовательности рассматриваются как описания этого целого. Низшие центры, с другой стороны, не имеют такого же видения целого. Даже король червей и король бубен имеют тенденцию видеть разнообразные точки зрения, а не единое целое. Пытаясь объединить эти точки зрения и видеть их одновременно, человек ближе подходит к пониманию целого. В этом эссе мы рассмотрим разнообразные названия, которые могут быть даны последовательности, чтобы увидеть, что именно каждое из них выражает, а затем попробуем понять, как объединить их все в одно эмоциональное отношение или эмоциональное видение, которое находится вне всего, чему четыре низших центра могут присвоить название.

Египетские Тексты, «Путешествие вперёд вместе со днём»*: Возьми свои одежды, свои сандалии, свой посох, свою набедренную повязку и всё своё оружие, чтобы ты мог рубить головы и рубить шеи тем вражеским бунтовщикам, которые приблизятся к тебе, когда ты уже будешь мертв.*

Тут мы имеем разнообразные имена последовательности. Одно из них – «оружие». С этой точки зрения для девятки червей последовательность — это сражение, битва. Но «посох» — это поддержка и таким образом, мы думаем о последовательности как о чем-то, на что можно опереться. И управляющий, и высшие центры — присутствие — используют этот посох, чтобы сохранять баланс и продлевать присутствие. И ещё у нас есть предметы одежды: «одеяние», «сандалии» и «набедренная повязка». С этой точки зрения последовательность — это нечто, что человек надевает на себя. Чтобы эмоционально оценить это, нужно представить управляющего или третий глаз, идущих голыми среди десяти тысяч 'я'. Представьте, что бы вы почувствовали, идя голыми, и у вас появится эмоциональное отношение к тому, что значит набедренная повязка или одежда. Таким образом, последовательность является и «одеждой», то есть защитой, покрытием, и «посохом», то есть поддержкой, и «оружием», которым человек сражается с низшей сутью. Девятка червей может испытывать эмоцию, которая содержит в себе все эти отношения одновременно.

Вторая Книга Царств 6:13*: И когда несшие ковчег Господень проходили по шести шагов, он (Давид) приносил в жертву тельца и овна..*

Комментарий Учителя: «И когда нёсшие ковчег Господень» — последовательность — «проходили по шести шагов» — достигали долгого ВЕ — «он (Давид) приносил в жертву тельца и овна» — управляющий приносил в жертву воображение, *произведённое низшей сутью ради продлённого присутствия. «Телец» означает низшую суть; овен – 'я' не относящиеся к последовательности.*

Эмоционально здесь очень простое и прямое отношение к последовательности: шесть шагов один за другим — это и есть последовательность. Но в этой цитате так же упомянута идея ковчега, который несут. Учитель постоянно говорит, что ковчег — это ключ к девятке червей. Последовательность — это не только последовательность из шести слов, и она не делается — если говорить об успешной последовательности – одним только интеллектуальным центром. Необходимо задействовать девятку червей, последовательность должна быть эмоциональной. Это легко проверить. Если мы напишем шесть слов последовательности на листке бумаги и попросим кого-нибудь на улице прочесть их, они не произведут присутствия – за исключением, может быть, только того ощущения, что человека попросили сделать нечто весьма странное. Слова сами по себе не будут значить ничего для этого человека, потому что для него они лишены эмоционального содержания.

Тысяча и Одна Ночь: *Он пошёл не спеша и подошёл уверенно.*

Здесь последовательность рассматривается, как ходьба. Ходьба — это не просто один шаг, за которым делается другой, не связанный с ним. Это серия шагов, которые вытекают один из другого. И так же в последовательности: мы делаем не столько первый шаг, называемый Be, а затем второй называемый Hold, — скорее Be ведёт к Hold, а затем Hold ведёт дальше к «Theme» (Теме последовательности). Теперь мы переходим от идеи шести отдельных шагов к идее самого движения, где шесть шагов необходимо связаны друг с другом.

Так же я часто вижу, что моя машина склонна вносить слишком много энергии в усилия по продлению присутствия. Так низшая суть вмешивается в последовательность, не обязательно пробегая её быстрее, что было бы слишком заметно, но вместо обычных шагов она предлагает мне марш. Последовательность становится слишком жесткой и яростной, а это значит, что в нее проникла низшая суть. Так что, я нахожу полезным думать о последовательности как о ходьбе. Это величественная ходьба, вероятно, церемониальная, но всё же ходьба.

Раввин Шимон: *Тот, кто идёт по пути, но останавливает своё повторение, чтобы сказать: «Как прекрасно это дерево!» или «Как прекрасна эта пашня!», считается подвергающим свою жизнь риску.*

Комментарий Учителя: *«Тот, кто идёт по пути, но останавливает своё повторение, чтобы сказать: «Как прекрасно это дерево» — управляющий идёт по пути божественного присутствия с Be, Hold, Hear, но затем останавливает последовательность, чтобы сказать: «Как прекрасно это Древо Жизни! Что может быть лучше, чем девятка червей, ведущая к присутствию?» Или «Как прекрасна эта пашня!» — как прекрасно, что семена присутствия прорастают — «считается подвергающим свою жизнь риску» — жизнь последовательности. Одна из любимых хитростей низшей сути – предложить поразительные мысли, которые специально созданы так, чтобы польстить вам, и, как крокодил, утащить вас и утопить последовательность.*

Мы идем, и мы должны продолжать идти. Мы не можем позволить себе прерваться. Это не просто обычная прогулка по красивому саду, это целенаправленная движение к некоторой цели. Вдобавок к тем примерам, которые приведены здесь, Учитель привёл другие примеры прекрасных мыслей, которые приходили к нему во время последовательности и от которых он должен был отказываться. Разумеется, есть время и место, когда для короля червей полезно испытывать эмоцию благодарности за последовательность, за помощь, которую человек получает в школе и от Учителя, но в тот момент, когда человек выполняет последовательность, этот вид эмоций становится уходом от последовательности.

С одной точки зрения последовательность — это средство фокусировки и концентрации эмоционального и интеллектуального внимания. В течение пятнадцати секунд, требующихся для того, чтобы пройти последовательность, человек пытается не позволять себе других мыслей и эмоций и пытается сконцентрироваться только на последовательности, как средстве достижения присутствия. Способность контролировать таким образом своё внимание является принадлежностью королей центров. Так что, когда студент спрашивает: «Как я могу развить интеллектуального короля?» или «Как я могу работать с королём червей?» Лучшим ответом будет: «Используй последовательность!»

Учитель предложил другой пример законных эмоций, которые не принесут пользу в течение последовательности, когда он упомянул, что мысли о внешнем учитывании в течение последовательности были бы проявлением низшей сути. Внешнее учитывание есть выражение присутствия, то есть способности присутствовать к другим людям, но последовательность - это неправильное время для этого. Здесь видно, что последовательность скорее инструмент для изучения, как присутствовать, чем сам по себе полноценный опыт присутствия. Это аналогично упражнениям, которые музыкант должен исполнять каждый день. Конечно, эти упражнения - не то же самое, что исполнение музыки, но они необходимы, если человек надеется играть хорошо. Иметь чувство благодарности или 'я' о внешнем учитывании в течение последовательности — это как пианисту думать о «Партитах» Баха, играя гаммы. Замечательно уметь играть Баха, но пианист, думая о нем, не научится тому, чему он должен научиться, играя гаммы. В отношении последовательности мы находимся в самом начале, так что важно поставить перед собой цель практиковаться без перерывов.

Руми: *Если моя возлюбленная пожелает идти, она может идти по моим глазам.*

Это интересная цитата, показывающая как управляющий

предлагает себя на службу высшим центрам или третьему глазу. Если присутствие (возлюбленная) пожелает идти – (продлевать присутствие), она может сделать это, используя 'я' управляющего. Эта цитата отражает особое эмоциональное отношение к связи управляющего с высшими центрами. Не управляющий пробуждает высшие центры, потому что тогда получилось бы, что низшее каким-то образом указывает высшему или даже, что управляющий делая последовательность, устанавливает или привлекает присутствие, скорее управляющий, завершив последовательность, достигает долгого ВЕ, а затем отступает, чтобы позволить третьему глазу продлить присутствие, сопровождаемое бдительной поддержкой управляющего. Управляющий должен помнить, что он всего лишь слуга, и если высшие центры – третий глаз — захотят идти, тогда работа управляющего — предложить свои 'я'. Один из путей, каким низшая суть способна войти в последовательность (по крайней мере у моей машины), когда управляющий думает, что он самостоятельно делает последовательность. Так что я должен помнить, что высшие центры – присутствие или третий глаз —«идут по моим глазам», а не мои 'я' устанавливают и продлевают присутствие. (Английское слово «I» — 'я' и «eye» – «глаз» звучат одинаково и используются в данной цитате в одном смысле — примечание переводчика)

Руми: *Бог поставил лестницу перед нами, и мы должны подниматься на неё ступенька за ступенькой.*

Здесь последовательность сравнивается с подъемом по лестнице, вместо простой прогулки по плоской поверхности тропы. Это предполагает больше усилий, больше внимания и необходимости быть более осторожным. Можно начать думать об аспектах последовательности, которые нуждаются в усилении с каждым из шести 'я', в особенности о том, что с каждой ступенькой он должен добавлять что-то к присутствию. Успенский сказал, что идея о том, что октава может продолжаться на одном и том же уровне, есть иллюзия: всё или восходит или нисходит. Одна из причин, по которой у нас возникают проблемы с завершением последовательности заключается в том, что мы забываем делать усилие взбираться по лестнице – делать каждый наш следующий шаг более энергичным, — и если октава не восходит, то она неизбежно будет нисходящей. Так что образ восхождения — это важная часть эмоционального понимания, которое человеку необходимо привнести в исполнение последовательности.

В моём случае я часто думаю в терминах подъёма по лестнице, но каждый должен найти своё собственное эмоциональное понимание. Можно увидеть себя восходящим по большой церемониальной лестнице, может быть, в прекрасных одеждах. Это создает ощущение того, что человек участвует в церемонии или ритуале, а не просто взбегает по ступенькам дома. Тогда можно начать выстраивать образы, которые помогут подержать эмоциональное отношение, которое он хочет иметь в течение последовательности.

Тысяча и Одна Ночь: *Он попытался взойти, но пропустил ступеньку где-то посреди лестницы, упал и повредил себе голову.*

Комментарий Учителя: *«Он попытался взойти, но пропустил ступеньку где-то посреди лестницы» — пропустил рабочее 'я' номер четыре — «упал вниз и повредил себе голову» — голову сфинкса, рабочее 'я' номер шесть.*

Эти ступени, вероятно, были несколько неровные и скользкие, поэтому у нас нет гарантий, что нам удастся преодолеть все шесть. Вполне вероятно, что когда мы начнём подниматься по этим ступеням, будет дуть ветер низшей сути и нарушит наше равновесие. Всё это, в основном, двигательно-инстинктивные образы, но они кое-что говорят нам о том, в каких чувствах эмоциональный центр нуждается по отношению к последовательности. И это не простая эмоция. Управляющий должен быть достаточно уверен в себе, чтобы идти твёрдо, но он так же должен знать о трудностях пути и опасности, которую представляет собой низшая суть. Разные ключи несут в себе разные аспекты, но эмоция управляющего должна включать в себя их все. Девятка червей, будучи частью короля, может иметь такую эмоцию, но это нелегко передать, используя форматорные части машины, какими являются валеты и дамы.

Тысяча и Одна Ночь*: Мой возлюбленный танцует, ставя одну ступню перед другой.*

Эта цитата представляет собой идею последовательности как танца. Танец более эмоционален, чем ходьба, и включает в себя больше движений, но, пожалуй, главное отличие состоит в том, что, когда человек танцует, у него есть партнёр. Последовательность это не что-то, что делает управляющий сам по себе; это совместный танец управляющего и высших центров. В этом партнёрстве присутствует красота, элегантность и определённые взаимоотношения друг с другом. В течение последовательности управляющий ведёт танец, но он должен быть осведомлен о высших центрах, потому что, в действительности, темп танца устанавливает то, что необходимо для присутствия. Тогда, когда рабочее 'я' номер шесть достигнуто, управляющий передаёт танец своему партнёру. Это похоже на балет. В определённый момент танцор отступает, и балерина занимает центр сцены. Тем не менее, танцор всё ещё находится на сцене: он точно знает, когда вступить и поддержать балерину, когда закрутить её или дать ей взлететь самой снова.

Одна из важных вещей в обучении танцу с партнёром — это выбор правильного времени. Есть определённое время, в которое человек должен делать шаги последовательности. Например, управляющий должен уметь определить правильное время, когда двинуться от Be к Hold. Если Hold — следующий шаг — происходит слишком рано, это прерывает течение танца. Но, если управляющий ждёт слишком долго, тогда его партнёр не получает поддержки и падает (впадает в воображение) и нужно начинать танец с самого начала. У нас есть строго определённый интервал между шагами. Работая таким образом, девятка червей учится эмоционально правильному времени внесения каждого рабочего 'я', чтобы поддерживать движение танца.

Тем не менее, сейчас мы забегаем немного вперёд. В

конце концов, мы практикуемся в этом танце не так долго, и все ещё изучаем его шаги, ритм, только начинаем его чувствовать. Когда человек учится танцевать и только пытается практиковать сам, шаги просты и определённы, нет возможности для индивидуального выражения, но когда он уже хорошо научился основным шагам, существует больше возможности для выразительности и свободы. Когда идея танца добавляется к нашему эмоциональному отношению к последовательности, мы можем понять одновременно и важность изучения того, как делать последовательность точно, как нас учат, и то, что это только начало процесса изучения поразительного танца с высшими центрами. Это действительно чудесно. Мы начали с шести шагов, а сейчас уже начинаем танцевать с высшими центрами.

Учитель: *Когда человек вступает на путь, он становится танцором и каждое движение, которое он делает создано для того, чтобы произвести и продлить присутствие.*

В этой цитате мы могли бы заменить «путь» словом «последовательность». Один из интересных аспектов этого танца заключается в том, что это танец не ради танца; каждое движение создано для того, чтобы поддержать присутствие. Когда танец удаётся, это удивительный опыт, но мы можем отождествиться с самим танцем и утратить этот наивысший опыт. По этой причине рабочее 'я' Ве идёт первым. В течение танца мы всегда должны помнить, что мы танцуем, чтобы произвести и продлить присутствие; если мы теряем основную эмоцию желания присутствовать, последовательность распадается. Очень легко потерять себя в наслаждении танцем. Это означает, что семёрка червей взяла верх над девяткой. Семёрка — интеллектуальная часть дамы, но как только дама получает контроль, человека может унести куда угодно, но не в присутствие. Вот почему последовательность должна происходить в королях: человек нуждается в том, чтобы контролировать внимание и держать фокус на цели.

Будда: *Тот, кто вкушает нектар истинного закона, живёт счастливо с безмятежным умом.*

Нектар — напиток Богов, присутствие третьего глаза человека. Нектар приносит полное удовлетворение. Когда человек пробует нектар, у него исчезает жажда, так что, можно сказать, что человек свободен от желаний. Это чудесный способ думать о последовательности, и это совершенно другое отношение к последовательности, нежели уподобление её подъёму по лестнице или даже хождению.

Учитель: *Индийская бронзовая статуя изображает Шиву танцующего, чтобы победить Демона Забывчивости. Шива символизирует управляющего. У него шесть конечностей, а танец — это последовательность. Под его ступнями уменьшенная фигура низшей сути, что означает, что управляющий обрёл контроль над демоном. Тем не менее, когда человек в воображении, его контролирует низшая суть.*

Одна из причин, почему так трудно научится этому танцу,

состоит в том, что управляющий и высшие центры танцуют не одни. Танец происходит на танцплощадке, на которой танцуют десять тысяч человек, и все они танцуют в разнобой, фактически, многие даже не слышат музыку. Некоторые стоят большими группами, разговаривая или споря; кто-то дерётся; кто-то танцует другой танец, и все они непрерывно оказываются на пути у управляющего, пока он пытается вести прекрасный танец с высшими центрами. Итак, пока управляющий танцует с высшими центрами, он должен учиться танцевать по соседству с десятью тысячами 'я'. Это ещё одна причина, по которой управляющий поначалу должен учиться очень простому способу танцевать, ведь он должен продолжать танец посреди всего этого беспорядка.

Иногда легко позабыть тот простой факт, что последовательность приносит наслаждение. С какой-то точки зрения это самая приятная вещь, какую может делать человек, потому что она связывает его с присутствием. Идея танца помогает человеку помнить об этом, а идея, что это нектар, приносит с собой отношение, что последовательность не есть обязанность — не что-то трудное и неприятное или что-то, что человек заставляет себя делать, скорее это нечто, что человек желает делать, потому что это само по себе наслаждение, подобное нектару.

Экклезиаст: *Соблюдающий заповедь не испытает никакого зла.*

Когда мы думаем о последовательности как о заповеди, мы думаем о ней как о чём-то данном управляющему высшими центрами, что эмоционально очень отличается от нектара. Это эмоциональное отношение также включает в себя элемент того, что присутствие или третий глаз находятся на более высоком уровне, чем управляющий, потому что заповедь — это не нечто происходящее между равными.

Фессалоникийцам: *Поститесь и придерживайтесь традиций, которым вас обучили.*

Традиция есть основа культуры, так что, если мы

примем «традицию» за ключ к последовательности, мы будет подразумевать, что последовательность постепенно станет основой работы управляющего, чем-то очень знакомым, что может быть быстро использовано для нахождения многих ассоциаций и, на самом деле, всей линии поведения. Это часть направления в работе с последовательностью: разнообразные рабочие 'я' становятся не столько автоматическими, сколько приобретают силу традиции, так что, когда человек произносит рабочее 'я', оно быстро производит много эмоциональных отношений в девятке червей. Со временем нам уже не понадобится пятнадцать секунд, чтобы пройти через последовательность, но вместо этого мы будем способны перейти от изначального момента присутствия к долгому ВЕ значительно более прямым путём. Тем не менее, до того, как мы сможем это делать, мы должны выяснить, как шесть отдельных шагов последовательности соотносятся друг с другом и ведут нас к продлённому присутствию. Затем, вероятно, мы поймём, как их можно объединить, чтобы попадать туда быстрее.

Тысяча и Одна Ночь*: Приди. Давай поступим согласно нашему обычаю.*

В качестве ключа к последовательности «обычай» похож на традицию: оба подразумевают определённый уровень знакомства с предметом. Это может быть полезной составляющей эмоционального отношения, но если переживать только чувство традиционности последовательности, тогда не будет хватать чувства неотложности последовательности. С другой стороны, если иметь только чувство неотложности, оно неизбежно внесет отношение низшей сути, сопровождающееся неправильным видом энергии и отождествлением. Так что, эти две точки зрения о том, что последовательность неотложна и что она одновременно традиционна и хорошо знакома, балансируют друг друга, и этот баланс даёт прочное основание для последовательности.

Управляющий каким-то образом должен найти способ объединить эти разные эмоции, о которых мы говорили, в единое понимание внутри девятки червей. Так управляющий сможет приблизиться к пониманию, приходящему из третьего глаза, потому что в моменты истинного присутствия человек переживает всё это, как единое целое.

Султан Баху: *Давайте совершать наше паломничество всё время, всегда в божественном присутствии.*

Если последовательность — это паломничество от короткого Ве до долгого ВЕ, то появляется дополнительный оттенок святости этого путешествия, в том смысле, что паломничество предпринимается во имя Бога, а Бог есть присутствие. Но паломничество - не простое путешествие, оно может быть долгим и опасным. Итак, идея последовательности как паломничества включает в себя эмоциональное отношение трудности завершения последовательности, хотя это всего лишь шесть слогов. Существует много возможностей сбиться с пути и, подобно паломнику, человек должен придерживаться своей цели в уме, изо всех сил избегать отклонений, а если отклонился, то как можно скорее вернуться на путь. Это несколько другое эмоциональное отношение, чем к танцу или ходьбе. Но опять, все они правильные, и дело в их комбинации, обогащающей последовательность.

Добротолюбие, Монах Каллист: *Невозможно для человека стать мудрым в духовной битве, кроме как соразмерно степени суровости испытания, которые он перенес.*

Человек находится в состоянии войны с низшей сутью — и это одна из вещей, которая должна быть включена в эмоциональное отношение человека к последовательности. Это относится к рабочему 'я' Back. Для меня по крайней мере, Back кажется тем местом в последовательности, где имеется особый фокус на эмоциональном отношении к низшей сути, и одна из составляющих этого отношения такова, что низшая суть есть враг последовательности и что человек вовлечён в «духовную битву». Когда я произношу Back, я думаю о готовом к сражению короле червей с занесенным мечом.

Упанишады*: Погружаясь в медитацию, закрой глаза, успокой дыхание и сфокусируй своё внимание на центре духовного сознания.*

Медитация — это ещё один ключ к последовательности. Мы все имеем определённые эмоциональные отношения к медитации и ассоциации, связанные с ней. Для меня медитация предполагает строгую направленность внимания, усилие по направлению внимания, которое является характеристикой королей центров.

Учитель рекомендует, чтобы последовательность была синхронизирована с ритмом дыхания человека. Так что к успокоению своего дыхания можно отнестись, как к буквальному установлению спокойного, лежащего в основе последовательности ритма дыхания, как барабанному бою на марше. Рабочие 'я' следуют одно за другим, как дыхание — спокойно, просто, естественно. Таким образом, сам акт физической жизни становится основой последовательности и предполагает то же ощущение устойчивого ритма.

Более того, если человек думает о последовательности, как о дыхании, то потеря последовательности равнозначна остановке дыхания — человек легко может убедиться, как относится к этому инстинктивный центр. Идея, таким образом, заключается в том, чтобы девятка червей переживала такое же отчаяние, когда у человека останавливается дыхание последовательности. На самом деле, я бы даже сказал, что главный источник моих трудностей в том, что когда последовательность останавливается, я попросту не чувствую той степени отчаяния, которое я бы испытывал, если бы последовательность была бы для меня как дыхание — соскользнуть в воображение не кажется катастрофой. Так что одна из вещей, с которой я должен работать в девятке червей — это *намеренно* чувствовать, что последовательность является моим дыханием, и если она остановится, всё остановится. А это отчаянная ситуация.

Учитель*: Что представляет собой пирамида? Тридцать рабочих* 'я'. Это особенно очевидно в случае с пирамидой в Саккаре, которая имеет шесть ступеней.

Ходьба или подъём по лестнице подразумевают движение. Сначала одна ступень, затем другая, потом третья. Ступени идут одна за другой другой, сменяя одна другую; однако, с пирамидой — другой случай. Ступени не сменяют друг друга, ступени стоят

одна на другой, и таким образом присутствуют одновременно. С этой точки зрения, цель последовательности заключается в том, чтобы переживать все шесть рабочих 'я' одновременно в моменте, когда человек достигает четырёх бессловесных дыханий. В действительности, проходя через последовательность, мы создаём эмоциональное отношение в девятке червей, которое включает в себя все шесть эмоциональных отношений представленных отдельными 'я'.

Глядя на это немного по-другому, можно сказать, что

последовательность учит девятку червей, как производить эту достаточно сложную эмоцию. Эту эмоцию нельзя назвать по имени, но нас учат производить её, объединяя разные эмоциональные отношения, представленные шестью рабочими 'я' последовательности. По моему мнению, мы, в конце концов, научимся производить эту эмоцию без того, чтобы проходить через последовательность и вместо того, чтобы строить один уровень пирамиды за другим, мы узнаем, как сразу создать завершённую пирамиду. Но сейчас мы пока ещё учимся подниматься по ступеням.

Один из способов думать об этом таков: первый шаг, Be, представляет собой желание присутствовать. Оно должно быть достаточно сильным, чтобы действительно прорваться сквозь воображение.

После того, как воображение прервано, человек, естественно, хочет поддержать присутствие, так что с рабочим 'я' Hold мы добавляем желание продлить присутствие во времени. Это буквально добавляет новое измерение — время — к нашему начальному желанию быть.

Затем встаёт вопрос, который часто возникал у студентов: «После того, как ты начал присутствовать, что ты делаешь?» Следующий шаг — это добавить один из аспектов мира, в котором человек живёт: Look, Hear, Taste и так далее. Я привожу эти частные примеры в рамках большей цели присутствовать к своей жизни. Идея заключается в том, чтобы создать связь между присутствием и жизненным опытом низших центров, поскольку присутствие человека — нечто большее, чем абстрактное размышление о Боге. В этой школе присутствие очень практично, оно проявляется в мире, а в свою очередь, жизнь в мире со всеми её впечатлениями и опытом питает присутствие. Короче говоря, я думаю о теме последовательности, как о «жизни с присутствием». Установив присутствие и связь с высшими центрами, человек затем использует тему последовательности, чтобы объединить с этим присутствием собственный опыт, полученный в мире.

Конечно, как только мы вносим мирское в наше присутствие, мы рискуем пригласить туда и низшую суть. Впечатления не только пища для высших центров, они так же служат стимулом для низшей сути, и по этой причине низшая суть реагирует. Так что следующим шагом будет установление правильного эмоционального отношения к ней, используя Back: «Наблюдай за низшей сутью! Будь готов! Отделяйся!»

Дело не в том, что низшая суть всегда пытается отвлечь нас именно в этот момент — 'я' в одном из четырёх низших центров, которые не связаны с последовательностью, — дело в том, что человек добавляет эмоциональное отношение бдительности при появлении низшей сути к тем отношениям, что у него уже имеются: желанию присутствовать, желанию продлить присутствие и жить всю свою жизнь с присутствием. Такое эмоциональное отношение может быть описано как неприятие. Человеку просто нужно не принимать проявления низшей сути. Это не негативная эмоция, это негативное отношение в эмоциональном центре, которое просто говорит: «Я не хочу этого». Так что, как только низшая суть проявляется, это проявление встречается с уже существующим отношением в девятке червей, и ее проявление не будет иметь над человеком силы.

И хотя вся последовательность должна произноситься с присутствием, до этой точки фокус отдельных рабочих 'я' шел по нисходящей от присутствия самого по себе, затем к присутствию к окружающему миру, а затем к присутствию к низшей сути. Теперь же, вместе с вторичным утверждением темы, последовательность начинает своё путешествие назад к присутствию как таковому. Низшая суть уже не стоит на пути, и управляющий с девяткой червей занимают свою законную позицию в мире 24, который разделяет и поэтому лежит между миром 12 (мир высших центров) и мирами 48, а так же миром 96 (мир личности со всеми его мнениями, осуждениями и так далее). Мир 24 — это мир сущности, в котором вещи, составляющие обычную жизнь, переживаются просто, таковыми, каковы они есть на самом деле. Находясь в этой позиции, управляющий стоит на страже у узких врат, не позволяя 'я' из низшей сути пройти сквозь врата и смешаться с присутствием. Управляющий не ввязывается в битву с 'я', он просто отделен от них. Так он начинает сосредотачиваться на подготовке к продлённому присутствию.

В конце концов, на долгом BE, управляющий входит в пассивное, но бдительное состояние и уступает место высшим центрам. Он как бы говорит: «Я закончил работу, которую вы мне дали. Она завершена». У девятки червей есть желание присутствовать, желание продлить присутствие, желание соединить опыт жизни с присутствием человека, и желание держать низшую суть отдельно от присутствия. Имея такие эмоциональные установки как части большего общего понимания, управляющий готов реагировать соответствующим образом почти на всё, что может произойти. Представим себе, что появилось новое впечатление или случилось что-то неожиданное. Управляющий не будет застигнут врасплох, он уже имеет наготове эмоциональное отношение, которое принимает всё, что бы ни случилось и использует это, чтобы питать присутствие.

Когда проявляется низшая суть, управляющему не нужно фотографировать её, а затем в спешке пытаться найти 'я', которое будет работать с ее проявлениями. Он уже был подготовлен рабочим 'я' Back — эмоциональным отношением неприятия проявлений низшей сути. Поэтому как только низшая суть проявляется, эмоция уже готова, и низшей сути мягко не дают проявиться. И наконец, эмоции связанные с Be и Hold гарантируют, что часть своего внимания управляющий всегда направляет к высшим центрам. Эмоциональное отношение желания присутствовать и желания продлить присутствие, остается наготове в качестве третьей силы, в случае, если присутствие начнёт уходить.

Сама последовательность показывает, как должно быть разделено внимание управляющего. Три из 'я' последовательности направлены к состоянию присутствия как таковому: краткое Be, Hold, и долгое BE; два — тема и её повторное утверждение — направлены к жизни; и одно — Back — направлено к низшей сути. Другими словами, половина внимания управляющего направлена на то, чтобы присутствовать, одна треть используется для того, чтобы присутствовать к своей жизни; и только одна шестая требуется для того, чтобы следить за низшей сутью. Воистину, это именно та область, в которой все «перевёрнуто и поставлено с ног на голову».

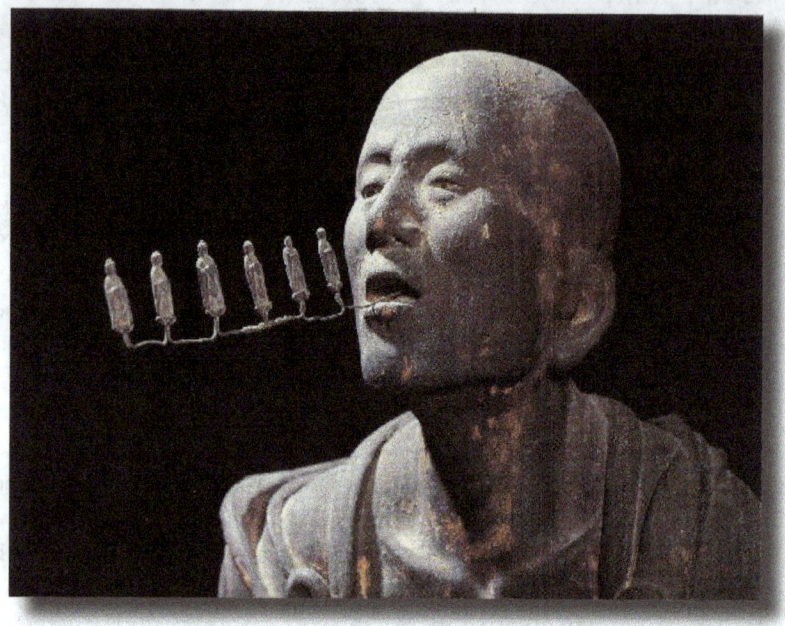

Учитель*: Японская скульптура тринадцатого века изображает монаха с шестью нотами, исходящими из его рта в гармоничном порядке. Первые две ноты Be и Hold совершенно вертикальны, следующие три ноты склоняются на ветру. Тем не менее, шестая нота — долгое BE — снова стоит вертикально.*

Выиграть в Мастерской Игре

(Основано на встрече, проведённой в Аполло 15 апреля 2007г.)

Борьба между управляющим и низшей сутью может рассматриваться как игра, наподобие шахмат или некоторых других видов спорта. В таких играх победа обычно обусловлена тем, какая сторона контролирует игру. Другими словами, вынужден ли мой противник играть в игру на моих условиях или я следую ему и играю на его условиях? Наше обсуждение сегодня будет сфокусировано на методах, которые может использовать управляющий для того, чтобы установить подобную выигрышную позицию в своей «игре» с низшей сутью.

В этой дискуссии мы будем исходить из определения, что управляющий – это та часть человека, которая работает в моменте. Это не есть какое-то неизменное определение, но во многом определение, относящееся к моменту. В этом смысле управляющий, вдобавок к тому, что он есть девятка червей и последовательность, может время от времени включать в себя любые из тридцати рабочих 'я', а также любые персональные рабочие 'я' человека, его проверки и понимание. Вопрос тут в том, является ли то, что используется *в этом моменте,* чем-то, что произведет присутствие или, по крайней мере, приблизит человека к присутствию? Низшая суть, с другой стороны, есть та часть в человеке, которая создаёт силу сопротивления управляющему. Главным образом, мы видим, как низшая суть противостоит управляющему в моменте, но мы также можем просто рассматривать её как вторую силу, как что-то, что управляющий использует для того, чтобы отделиться от этого, или что-либо, от чего он может оттолкнуться, чтобы поднять себя в присутствие.

Руми: *Это как ходы в шахматах: ход за ходом ты достигаешь победы и ставишь шах и мат.*

Комментарий Учителя*: Ход за ходом — Be, Hold, Look — ты достигаешь присутствия и ставишь шах и мат воображению.*

    На одном уровне ходы в этой игре делаются посредством 'я'. Управляющий использует рабочие 'я', которыми в большинстве случаев являются 'я'' последовательности. Иногда, тем не менее, я заметил, что должен использовать другие 'я'', как первые ходы, чтобы они привели меня в ту точку, где я могу начать использовать последовательность. Происходит обмен 'я' – око за око (an eye for an eye,), рабочее 'я' за механическое 'я'. Вопрос в том, кто контролирует игру? Вначале обычно кажется, что управляющий просто отвечает на действия низшей сути. Человек обнаруживает осуждающее 'я', на которое управляющий отвечает подходящим рабочим 'я', после чего низшая суть производит другое 'я'. В этом случае мы позволяем низшей сути определять игру. Однако с последовательностью у управляющего появляется стратегия, благодаря которой он может контролировать игру. Например, если у человека возникает осуждающее 'я", управляющий опережает низшую суть и перехватывает контроль над игрой, употребляя рабочее 'я' 'Drop', а затем начинает последовательность.

Коран: *Знай, что жизнь мирская всего лишь игра и пустословие. Узри дом грядущего царства, что есть жизнь.*

Комментарий Учителя: *Знай, что жизнь мирская всего лишь несознательная игра, и мысли, не имеющие отношения к драгоценному присутствию. Be, Hold: заверши последовательность и достигни рабочего 'я' номер шесть, парящего в присутствии.*

Как я это вижу: есть три стадии, которые связаны с выигрышем в этой игре. Первая стадия — это сражение разных 'я'. Это «жизнь мирская» потому что рабочие 'я' появляются в машине и, таким образом, игра происходит «в мире» – на территории низшей сути. Вторая стадия — это когда управляющему удаётся взять верх и использовать последовательность для укрепления своей позиции. Третья стадия — это присутствие, четыре бессловесных дыхания. На этой стадии управляющий, на самом деле, выходит за пределы игры. Человек парит в продлённом присутствии, оставив игру.

Руми: *Если ты будешь думать бесконечно, не произойдёт ни одного хода в этой игре. Будь смелым, бросай кости.*

Комментарий Учителя: *Если ты двигаешься слишком медленно, «бросай кости» — увеличь темп последовательности.*

Почти в любой игре одна из стратегий, которую можно использовать для того, чтобы контролировать игру, — это контролировать её темп. Низшая суть постарается заставить управляющего действовать или слишком быстро, или слишком медленно. Однако существует темп, которому управляющему нужно научиться — это темп присутствия. Это темп неотождествления, определённый эмоциональный темп. Управляющий должен научиться распознавать его и затем использовать для того, чтобы взять инициативу в свои руки.

Мы можем рассматривать последовательность как то, что тренирует нас эмоционально распознавать и использовать намеренный темп последовательности, даже тогда, когда мы саму последовательность не используем. Если человек внутренне смог бы поддерживать этот темп, когда он работает за компьютером или занят другим видом деятельности, его управляющий был бы способен удерживать выигрышную позицию. Но вместо этого, мы позволяем себе отождествляться с состоянием занятости, а когда мы не заняты, мы отождествляемся с бездействием и позволяем себе скучать или предаёмся воображению. Мы учимся правильному темпу у последовательности. Затем мы должны привнести в игру то, чему научились, так чтобы управляющий, а не низшая суть, контролировал игру.

Антоний Великий: *Тех, кто соревнуется во время Олимпийских Игр, не венчают венком победителей во время победы над первым, вторым или третьим соперником, но только тогда, когда они побеждают всех своих соперников.*

Это другой пример того, как управляющий может использовать понимание, неизвестное низшей сути. Управляющий понимает, что игра идет от момента к моменту, и что у неё не может быть никакого реального конца. Низшая суть думает, что после какого-то периода времени одна из сторон победит, игра закончится и можно будет отдохнуть. Тем не менее, мы знаем, что от последовательности нет отдыха. Даже после того, как человек закончил последовательность, он начинает новую. Это понимание даёт управляющему преимущество, поэтому, если он научится незаметно продолжать делать усилия присутствовать, придёт момент, когда низшая суть устанет от игры и вместо того, чтобы беспокоиться о том, чем занимается управляющий и как ему помешать, начнёт заниматься своими делами. Таким образом, управляющий может продержаться дольше низшей сути. Он может это сделать потому, что знает — это усилие от момента к моменту, а не определённая и ограниченная цепь событий.

Буддистские тексты: *Я взял верх, я прошёл через все шестьдесят четыре квадрата и завладел доской.*

Комментарий Учителя: *Управляющий завершил последовательность и парализовал шестьдесят четыре части центров.*

Управляющий может понять низшую суть, но низшая суть не может понять присутствия. Она может иметь мысли и чувства о присутствии, но она не может присутствовать сама. Поэтому управляющий может установить контроль над игрой, просто фокусируясь на настоящем, потому что игра тогда будет происходить на площадках, на которые у низшей сути нет доступа.

Другой вариант, как можно воспринимать эту цитату: поскольку низшая суть механична, управляющий может понять всё, на что способна низшая суть и, понимая это, может подготовиться. Исихий Иерусалимский сказал: «Когда ум стоит прямо и призывает Бога защитить его от врагов... он распознаёт издалека мыслительные ловушки своих невидимых врагов и остаётся неуязвимым для них». С выигрышной позиции присутствия управляющий может видеть, что исходит от низшей сути и, будучи подготовленным к этому и поддерживая присутствие, остаётся невредим.

Коран: *«Если ты станешь приобщать сотоварищей Аллаху, то тщетными будут твои деяния, и ты непременно окажешься одним из потерпевших убыток».*

Комментарий Учителя: *«Если ты станешь приобщать сотоварищей Аллаху», то есть если ты поставишь неблагородное воображение на тот же уровень, что и божественное присутствие, последовательность потерпит неудачу, и ты потеряешь присутствие.*

Управляющий должен ценить присутствие как таковое, а не благодаря какому-то преимуществу, которое может возникнуть от того, что ты присутствуешь. Например, это правда, что с присутствием всё работает лучше, — управляющий может использовать этот факт для нейтрализации 'я', которое будет утверждать, что присутствие может помешать тому, с чем низшая суть отождествлена в моменте. Тем не менее, нужно быть и осторожным и не дать этому отношению превратиться в *причину* поиска присутствия — затем, чтобы функции работали лучше. Это было бы примером «приобщения сотоварищей Аллаху» (улучшенные механические функции), и дало бы низшей сути преимущество в игре. Вместо этого, поменяв 'я' на 'я' (око за око), управляющий должен сместить фокус своего внимания к чистому присутствию, пока низшая суть не противопоставит этим 'я' управляющего свои 'я'. Последовательность — это прекрасный способ совершить такую замену.

Махабхарата: *В сражении между силой и мастерством, тот, кто владеет мастерством, всегда побеждает.*

Комментарий Учителя*: Тот, кто владеет мастерством — использует последовательность, всегда побеждает — продлённое присутствие. Однако если ты не используешь последовательность, ты находишься в лапах, а не в руках низшей сути.*

Как я это понимаю, «сила», в данном случае, вопрос первой и второй силы, тогда как «мастерство» — вопрос третьей силы. Управляющий одерживает победу благодаря своей способности обнаруживать и создавать возможности, производящие третью силу для присутствия. Низшая суть заинтересована главным образом в том, чтобы быть силой сопротивления. Она видит препятствия, трудности и проблемы. Один из способов, каким можно определить управляющий или низшая суть производит данное 'я' в моменте, это спросить себя: «Помогает ли это 'я' мне присутствовать?». Если оно затрудняет присутствие, независимо от того насколько оно хорошее, оно приходит из низшей сути. Оно - сила сопротивления в моменте.

Например, рассмотрим слово «неудача». «Неудача» — это слово, которое низшая суть может связать со многими негативными эмоциями, и как только управляющий начинает использовать это слово, оно дает низшей сути право высказаться. Поэтому я никогда не позволяю себе говорить, что моя последовательность потерпела неудачу. Скорее, я (управляющий) рассматриваю любую последовательность как успешную, — в том смысле, что я никогда не начинал последовательность, неважно какой бы короткой она ни оказалась, без того, чтобы она не принесла больше присутствия, чем было до того, как я начал эту последовательность. С этой точки зрения, хотя некоторые последовательности и являются более успешными, чем другие, каждая последовательность успешна, потому что каждая последовательность приводит меня ближе к присутствию. Это понимание служит третьей силой, облегчая начало последовательности, тогда как идея о том, что последовательность может оказаться неудачной, является силой сопротивления и делает более трудным начало последовательности.

Буддистские тексты*: Двойным движением ты поражаешь короля.*

Комментарий учителя: *Двойным движением — Be, Hold — ты поражаешь короля крестей, делая его пассивным. Он заморожен последовательностью.*

Большая часть успеха последовательности заключается в её удивительной простоте. Низшая суть сложна. В конце концов, она состоит из семидесяти двух частей, я уж не говорю о десяти тысячах 'я'. Так что она не способна смотреть на что-либо просто. Поэтому она пытается контролировать игру, внося сложности, задавая вопросы, предаваясь сомнениям, сравнивая идеи, принадлежащие разному контексту, и таким образом создавая иллюзию противоречий, и так далее.

Управляющий, с другой стороны, прост и поэтому он может вести игру на своей территории, используя эту простоту, чему примером являются тридцать рабочих 'я'. И, действительно, рабочие 'я' настолько просты, что низшая суть не имеет никаких ассоциаций, связанных с ними.

Что может последовать в ответ на Ве (Будь)? Лучшее, что моя низшая суть нашла сказать это: «Будь чем?», что есть очень слабый ответ с её стороны! Однако, если я скажу: «Будь. Присутствуй», низшая суть произведёт много 'я', таких как: «Что есть присутствие?» или «Действительно ли я присутствую?». Так что добавление одного только слова уже повышает возможности низшей сути иметь больше ассоциаций. Поэтому, когда управляющий может относиться к этому просто, низшая суть замолкает.

Конечно, если человек успешно достигает четырёх бессловесных дыханий, всё становится ещё проще. Задача для управляющего здесь в том, чтобы научиться оставаться на своей территории во время игры и не дать себя заманить на территорию низшей сути. Это понимание может придать дополнительный смысл рабочему 'я' Hold. Управляющий должен придерживаться своей территории — удерживать свою связь с присутствием и ничего не усложнять.

Добротолюбие, Нил Аскет: *В борьбе между святостью Пророка Илии и властью короля одержала победу святость. Сам Пророк не сражался, это его святость разгромила врага. Сам воин ничего не делал, тогда как действовала его вера ... Эти святые достигают подобного потому, что твёрдо решили жить только ради души, отвернувшись от тела и его желаний.*

Эта цитата указывает на тот факт, что низшая суть хочет, чтобы управляющий с ней сражался, потому что если управляющий сражается с низшей сутью, он делает её реальной, утверждает её существование. Однако если управляющий не отвечает прямо, когда низшая суть производит 'я', но вместо этого просто отвечает присутствием, низшая суть, являющаяся воображаемой, остаётся бессильной. Низшая суть хочет, чтобы управляющий ответил на её 'я', чтобы это стало игрой в разные 'я', и, поскольку 'я' принадлежат четырём низшим центрам, это переводит игру на её территорию, а не на территорию присутствия. В конце концов, присутствие (святость) буквально является «ничем» для низшей сути, а как она может защищаться от «ничто»?

Немного другой взгляд на эту цитату в словах «сам воин ничего не делал». Тут может быть иной подход к определению того, кто контролирует игру. Если возникает чувство, что это я делаю что-то, даже если я делаю последовательность, игра остаётся под контролем низшей сути. Вместо этого управляющий может иметь отношение, что *я не делаю ничего*, что всё это присутствие, всё это третий глаз. В этом смысле управляющий -как зеркало, отражающее свет, но сам не являющийся источником света. Такое отношение убирает низшую суть из игры. Если *я* не в игре, тогда вообще нет игры.

Руми: *Ты тот, кто наблюдает за игрой.*

Комментарий Учителя: *Присутствие, что устанавливается с каждым рабочим 'я', наблюдает за игрой.*

Низшая суть отождествляется с игрой и принимает её за реальность. Управляющий знает, что игра не есть реальность, что реальность — это присутствие. Это даёт управляющему огромное преимущество, поскольку находясь вне игры, можно видеть значительно яснее все, что происходит.

Также, поскольку низшая суть отождествляется со своим сражением с управляющим, она не может провести различие между этой игрой и всеми другими играми, в которые она играет. Она отождествляется со всеми играми и думает, что все они есть реальность. Например, низшая суть думает, что очень важно знать, кто прав, а кто неправ, и попытается заставить управляющего отождествиться. Так, когда мы видим изображения, которые Учитель показывает во время встречи, многие из нас спрашивают себя: «Действительно ли это так? Имел ли на самом деле художник это понимание последовательности, когда он или она писали свою картину?» В этот момент низшая суть пытается заставить управляющего играть по своим правилам. Она задаёт вопросы, потому что на её уровне они все имеют одинаковую важность. Но управляющий знает, что все эти вопросы: «Присутствую ли я на самом деле или нет?», «Будет ли работать подобная техника?» — это лишь игра, а не игра — просто присутствовать. Таким образом управляющий начинает устанавливать контроль над игрой и принуждать низшую суть играть по его правилам.

Учитель: Если у вас есть 'я', которое отчаялось завершить последовательность, вы должны отделится от него так же, как вы должны отделится от 'я', которое поздравляет вас с успешной последовательностью.

Хафиз: Если отчаяние шепчет: «Ты никогда не узнаешь Бога», — это разговоры скрытых игр в вуали. Не отчаивайся и иди вперёд.

Другое мощное понимание в арсенале управляющего, о котором говорят обе цитаты, это то, что 'я' не реальны. 'Я' отчаяния не реальны. Их не надо слушать, нужно просто «идти вперёд», — ключ, обозначающий интеллектуальные части центров, поддерживающих присутствие. Важно, чтобы управляющий не начал спорить с низшей сутью. Иногда правильной работой управляющего может быть привнести некоторые точки зрения в ответ на эти отчаянные 'я' для того, чтобы нейтрализовать их и таким образом создать пространство для присутствия и последовательности. Однако чем больше управляющий понимает, что 'я' не реальны, тем больше он может их просто игнорировать. В Библии это описано на примере Христа, отвергающего дьявола (Евангелие от Матфея 4:10). Он не хочет иметь дело ни с одним аргументом дьявола; он просто отказывается их обсуждать, вместо этого усиливая присутствие.

Но, даже отвергая низшую суть, управляющий всё ещё придаёт ей больше важности, чем та заслуживает. Поскольку низшая суть нереальна, её можно просто проигнорировать. Эта идея выражена в другом библейском отрывке, в котором написано: «Иисус, наклонившись низко, писал перстом на земле, не обращая на них внимания ... они стали уходить один за другим, начиная от старших до последних.» (Евангелие от Иоанна 8:6-9). Управляющий был атакован группой 'я', но он проигнорировал их, и, таким образом, им ничего не оставалось делать, как оставить его.

Однажды я почувствовал, что меня атакует огромная толпа 'я', возможно, их было десять тысяч, я тогда их не считал. Они все громко кричали, задавая вопросы, размахивали плакатами и требовали ответа. Я, со своей стороны, разумно и спокойно пытался отвечать каждому 'я', одному за другим, но это не подействовало. И тут я обнаружил, что могу просто внутренне от них удалиться, уйти и ничего не случится. Эти 'я' не побежали за мной, они не атаковали меня, они не стали тащить меня назад, они просто стояли на месте и продолжали шуметь. А я просто ушёл от них, хотя понадобилась неделя другая, чтобы они тоже ушли.

Если человек действительно понимает, что 'я' нереальны, низшая суть ничего не может поделать, потому что все, что она может делать, это производить 'я'. Таким образом ответственность за игру полностью переходит к управляющему — пока слабость управляющего и недостаток тренировки не позволят пониманию того, что 'я' нереальны, исчезнуть, и многие 'я' снова возьмут верх.

Буддистские тексты: *Министр ставит королю шах; оказавшиеся беспомощными, пешки мира сего побеждены.*

«Министр» — управляющий; «король» — король крестей, в более общем смысле низшая суть; «пешки мира сего» — десять тысяч 'я'. В шахматах, если вы поставили противнику шах, то вы находитесь в преимущественной позиции, при которой соперник ограничен очень небольшим выбором ходов, потому что он не может делать ничего другого, кроме как отвечать на поставленный ему шах. Так что, если управляющий научится ставить шах низшей сути, держать её на ее месте, все другие ходы низшей сути будут нейтрализованы.

Интересно, что цитата говорит о шахе, а не о мате королю. Мы не хотим разрушить короля крестей, в конце концов, король крестей — это то, что поддерживает функционирование нашей машины, и разрушение его означало бы, в буквальном смысле, самоубийство. Человек должен просто поставить ему шах — держать его на его месте.

Руми: Любовь — это реальность, мы же только пешки.

Комментарий Учителя: *«Любовь — это реальность» — рабочее 'я' номер шесть, продлённое присутствие. «Пешки» — шесть шагов последовательности.*

Выигрышное отношение управляющего: нет ничего реального, кроме присутствия. Ничто другое не имеет постоянной ценности; всё, включая все виды деятельности четырёх низших центров, имеет значение, только если это связано с присутствием. Только такое отношение может поставить низшую суть на своё место. В частности, пока в человеке не кристаллизуется независимое присутствие, способное поддерживать само себя, его возможность присутствовать зависит от машины. Поэтому любая деятельность, необходимая для физического и эмоционального здоровья машины, может иметь смысл лишь настолько, насколько она на самом деле нужна присутствию, а не сама по себе. Говоря более общими словами, те 'я', которые интересуются чем-либо по причинам, не связанным с присутствием, нереальны. И действительно, если присутствие — единственная реальность, то 'я', не связанные с присутствием, могут быть только воображением. Когда управляющий помнит об этом, эти 'я' (пешки) низшей сути оказываются беспомощными. Ибн Араби сказал: «Как мы можем тратить время, сражаясь с воображаемым врагом, когда мы видим, что он ничего не значит и не говорит ничего, что бы имело к нам отношение?» Зачем волноваться о сражении с чем-то воображаемым? И действительно, как человек может сражаться с тем, чего нет?

Руми: *Сегодня я подобен визирю; меч порядка в моих руках. Я буду рубить головы бунтовщикам пред лицом шаха.*

Комментарий Учителя: *В персидской игре в шахматы визирь — это королева, а шах — это король. Руми говорит, что девятка червей — белая королева на шахматной доске — завершит последовательность, отрубая головы бунтовщикам — не допуская никаких 'я', не относящихся к присутствию, пред лицом управляющего.*

С одной точки зрения, сражение между управляющим и низшей сутью происходит за контроль эмоционального внимания. То, к чему мы стремимся и как мы проводим наше время, зависит от того, что делает нас эмоциональными в моменте. Инстинктивный центр эмоционален по поводу вещей, принадлежащим жизни машины, тогда как управляющий испытывает эмоции по отношению к присутствию. У низшей сути эмоциональное внимание колеблется по закону случайности или, если оно полностью удерживается на одной вещи, оно удерживается отождествлением. Внимание управляющего подчинено воле короля червей. Это даёт управляющему огромное преимущество. Низшая суть может пользоваться только своей механической реакцией на стимулы как средством для отвлечения внимания управляющего, тогда как управляющий может намеренно нейтрализовать низшую суть, используя свою волю, чтобы удержать эмоциональный фокус человека на присутствии. Последовательность даёт управляющему великолепный способ для того, чтобы практиковать контроль эмоционального внимания.

Добротолюбие, Максим Проповедник: Любовь становится внутренним законом доброты путём поглощения всего, что естественно состоит в родстве с ней, овладевая ненавистью посредством доброжелательности и невоспитанностью посредством уважения.

Роль управляющего в том, чтобы утверждать присутствие и качества, что сопутствуют присутствию, такие как принятие, любовь, сострадание. Он не может иметь преимущественной позиции в игре, если его отношению к низшей сути недостаёт этих качеств. Управляющий должен оставаться выше уровня низшей сути, откуда он может смотреть вниз на низшую суть с принятием, как делают родители, когда имеют дело с непослушным ребёнком. Есть ещё одна вещь, которая полностью останавливает низшую суть. Она думает, что это сражение, но если, вместо того, чтобы сражаться, управляющий отвечает пониманием и состраданием по отношению к низшей сути, ей не остаётся ничего другого, как успокоиться, подобно приручённому быку на двадцать первой карте Таро. Когда управляющий способен поддерживать связь с присутствием и утверждать те качества, которые сопутствуют присутствию, он перехватывает у низшей сути контроль над игрой.

Добротолюбие, Пётр Дамаскин: Через победу в малом, святые отцы выигрывали великие сражения.

Здесь «святые отцы» относится к рабочим 'я', в особенности к 'я' последовательности. Они выигрывали в «малом» — один момент присутствия за один раз. Поэтому для них стало возможным выиграть «великие сражения» (продлённое присутствие), поскольку их объединяла одна общая цель — цель присутствовать. Низшая суть не имеет единой цели, но множество целей, многие из которых противоположны друг другу. И хотя низшая суть может выигрывать небольшие битвы и на самом деле выигрывает их чаще, чем управляющий, её победы ничего ни к чему не прибавляют, потому что в них нет единства. И в действительности, из-за отсутствия общей цели эти победы часто сводят друг друга на нет. Поскольку все усилия управляющего связаны с единой целью, присутствие, созданное в один момент времени, добавляется ко всем другим моментам присутствия.

Единство — ещё одна характеристика управляющего — частично имитирует высшие центры. И это ещё один из путей, каким он может избавиться от низшей сути. Управляющий усиливает понимание единства, прослеживая связи и сходство между вещами. Низшая суть всегда старается разделить и найти различия. Управляющий может усилить свою способность видеть по-иному, стараясь найти единство вместо того, чтобы искать различия.

Раввин Шимон*: Тот, кто находится в пути, но останавливает своё повторение, чтобы сказать: «Какое чудесное дерево! Как прекрасно это вспаханное поле!» — считается подвергающим свою жизнь опасности.*

В данный момент любое 'я' может быть проявлением либо управляющего, либо низшей сути, в зависимости от того, помогает ли оно или препятствует достижению управляющим своей цели. В качестве примера того, как низшая суть производит иногда вполне стоящие 'я' в течение последовательности для того, чтобы прервать её, Учитель рассказывает, как однажды, после того как он произнес Be и Hold, он пронаблюдал 'я', сказавшее: «Как я благодарен С Влиянию за то, что оно дало нам последовательность». Это законная эмоция, трудно представить себе, чтобы управляющий не был благодарен С Влиянию за то, что оно дало нам последовательность. Тем не менее, это 'я' появилось в неправильное время и, таким образом, создало силу сопротивления для стоящей перед управляющим задачи завершить последовательность. Кроме того, низшая суть могла воспользоваться затем этим чувством благодарности, чтобы уйти в воображение. Например, у неё появились бы ассоциативные 'я' о том, как человек может быть благодарен, как выразить эту благодарность, и так далее. Следовательно, управляющий должен просто взять эту эмоциональную энергию, созданную благодарным 'я', и использовать её для того, чтобы присутствовать. Если это случится во время последовательности, управляющий может взять энергию благодарности и поддержать ею следующее 'я' последовательности, что сделает это 'я' более эмоциональным, более мощным, более способным связать человека с присутствием. Можно испытывать сильную эмоцию благодарности на протяжении всей последовательности и использовать её для того, чтобы начать другую последовательность. В конце концов, не является ли лучшим способом выражения благодарности С Влиянию за то, что они дали нам последовательность, работа с этой самой последовательностью?

Пытаясь использовать последовательность, управляющий должен всё время удерживать свой фокус на присутствии, на его связи с хозяином. В то же время ясно, что одна из трудностей при выполнении последовательности заключается в том, чтобы держать дом — четыре низших центра — в полном порядке. Последовательность безошибочно указывает на проблему и показывает нам, что мы должны делать. Согласно моему опыту, в основном, это вопрос эмоционального внимания. Куда направлено эмоциональное внимание? Может ли управляющий держать эмоциональный центр сфокусированным на присутствии? Для этого требуется сильное и в то же время сфокусированное и находящееся под контролем эмоциональное внимание, представленное поднятым мечом короля червей, которым он может срубать головы своих врагов. Низшая суть не может контролировать эмоциональное внимание и, соответственно, не может знать, куда заведут её эмоции. Тем не менее, управляющий может это делать. Вот на этом реальном поле идет игра. Это вопрос контроля эмоционального внимания: кто выбирает, по поводу чего человек будет испытывать эмоции? Закон случайности, как это происходило с нами большую часть нашей жизни, или девятка червей?

Руми: *Игра продолжается. Тайно я делаю ход, и ты отвечаешь. Ты выигрываешь.*

Я добавил эту цитату потому, что она показывает игру с другой точки зрения, которую иногда использовали суфии и которая заключается в том, что управляющий играет с возлюбленным — присутствием. В этой игре цель управляющего в том чтобы проиграть или, другими словами, умереть — достичь рабочего 'я' номер шесть и соединится с другой стороной. Кроме того, поскольку присутствие находится вне игры, управляющий должен играть с самим собой и понять, что цель — уничтожение себя. Может быть, точнее будет говорить об уничтожении ощущения себя; ощущение, что *я* делаю эти усилия, растворяется в чём-то ещё. Хотя это уже другая игра, а сегодня мы, в основном, фокусируемся на игре, которую должен играть управляющий с низшей сутью для того, чтобы создать пространство для высших центров.

Султан Баху: *Если ты ещё не достиг Аллаха, этот мир всего лишь игра.*

Также, даже если ты достиг Аллаха, этот мир всего лишь игра. На самом деле, я бы сказал, что становится ещё более очевидно, что это игра, и игра будет продолжаться, даже если обстоятельства станут другими. Что бы вы ни делали сегодня, это будет всё та же игра между управляющим с его попытками поддерживать присутствие и низшей сутью с её многочисленными другими интересами. Итак, игра сейчас продолжится, но за *вами* первый ход. Постарайтесь не потерять этого преимущества!

Психологическое мышление

(Основано на встрече в Мехико,

18 Июня, 2007,
с добавлением точек зрения с обеда в Аполло 6 Марта, 2007)

Это эссе основано на первых шести страницах главы XV из книги «Четвёртый путь», которые являются источником цитат, использованных здесь. Эта глава начинается с дискуссии об эзотеризме и затем продолжается утверждением, что использование психологического метода есть единственный путь, благодаря которому можно понять эзотеризм, который в свою очередь, основывается на психологическом мышлении. Далее дискуссия переходит к рассмотрению природы психологического мышления. С какой-то точки зрения учение Содружества в течение последних нескольких лет, особенно в том, как оно использует эзотерические цитаты и образы, являет собой этот самый психологический метод, а многие из тех трудностей, с которыми студенты столкнулись, когда пытались понять это учение, происходили, по-видимому, вследствие использования ими логического мышления, то есть нашего обычного способа мышления, а не психологического.

Здесь я переверну подход Успенского, а именно: я начну с рассмотрения смысла психологического метода, потом перейду к исследованию эзотеризма, чтобы закончить взглядом на то, как это всё применимо к определённому изображению.

Первое [допущение психологического метода] это то, что вещи имеют свой внутренний смысл.

Вначале нужно спросить, что имеет в виду Успенский, когда говорит, что вещи имеют внутренний или психологический смысл. Картина не имеет своей собственной психологии — это просто картина. Говоря о психологии, мы говорим о психологии людей, так что мы можем рассматривать только психологический смысл чего-либо в отношении к человеческой психологии и, в частности, к собственной психологии. Другими словами, психологическое мышление начинается с идеи, что всё имеет внутренний смысл *для меня*. Соответственно, с точки зрения нашего обычного мышления, психологическое мышление субъективно. Тогда как логическое мышление подразумевает, что когда человек говорит о «внутреннем» смысле, он говорит о смысле, отличающемся от обычного внешнего только тем, что «внутренний» не столь очевиден, психологический метод начинает с признания, что вещи имеют внутренний смысл, который *я* вижу и понимаю, но который не обязательно может быть увиден и понят другими людьми, из-за чего логический ум называет его субъективным.

Тем не менее, это не означает, что этот самый внутренний или «субъективный» смысл не реален. Существует много вещей, которые мы не можем ощутить, и всё же мы понимаем, что они реальны. Радио очень реально, но мы не можем ощущать его непосредственно. Схожим образом, в высших состояниях сознания человек может ощутить вещи, которые реальны, но их нельзя ощутить в низших состояниях. Психологическое мышление не только начинается с идеи, что есть внутренний смысл, но добавляет к этому то, что внутренний смысл может быть так же реален, как и обычный смысл, и даже на самом деле более реален.

Всё это несколько интеллектуально и абстрактно, тогда как наш Учитель очень практичен. Например, тогда как Успенский говорит, что события имеют свой внутренний смысл, Учитель говорит о них как об организованных Влиянием С. И для него это не просто «влияние», это работа особых индивидуальных сознаний, которые производят тщательно организованные шоки с особой целью. Это то же самое, что сказать: события имеют внутренний смысл, только видение Учителя более конкретно и менее абстрактно.

Та часть машины, которая имеет возможность действительно ощутить внутренний смысл — это король червей.

Для остальной машины видеть внутренний смысл — значит видеть вещи как символы и образы, но король червей может стать чувствительным непосредственно к внутреннему смыслу и таким образом может научиться «думать» — то есть получать и усваивать опыт — психологически. Для людей в школе знание того как делать это, приходит из школы от их учителя, и одна из первостепенных задач для управляющего — освоить это и привить королю червей.

В этом контексте интересно взглянуть снова на то, как нас учили осознавать внутренний смысл. Тридцать лет тому назад Учитель мог купить дорогие вещи, а затем сказать студентам, как дорого они стоят. Для некоторых студентов это казалось достаточно бестактным, но это было время с очень сильной чертой «бродяги», и Учитель просто демонстрировал то, что вещи имеют цену, которая есть рудиментарная форма внутреннего смысла. Простейший путь, каким можно было это сделать — сообщить цену в долларах, что производит впечатление на инстинктивный центр. Учитывая уровень многих студентов в то время, за этим был внутренний смысл — не цена сама по себе, но то, что вещи имеют цену и что некоторые из них более ценны, чем другие.

Сейчас, когда школа ушла столь далеко вперёд, трудно представить себе время, когда простое признание того, что что-то имеет ценность на денежном уровне, было способом преодолеть наш обычный взгляд на эту вещь и начать видеть, что она имеет другой смысл. И всё же существует много способов видеть за пределами внешних проявлений, которые мы должны исследовать. Например, Успенский описывал, как он смотрел на простую медную пепельницу и чувствовал, где и как её использовали, где она была сделана, понимал смысл курения, смысл меди и так далее, пока не понял, что пепельница, на самом деле, связана со всем на свете: не только с настоящим, но и со всем прошлым и со всем будущим. Если бы человек ощущал своё существование на этом уровне, это прибавило бы глубины, которая бы сделала настоящее существование человека в лучшем случае двухмерным, притом что это никак не связано с чем-то духовным.

Второе [допущение психологического метода] то, что вещи связаны; они только кажутся отдельными. Вещи зависят друг от друга, они находятся в определённых отношениях друг с другом, тогда как логический метод рассматривает каждую вещь отдельно.

Примером этого на физическом уровне может служить то, как разные центры Содружества составляют целое. Даже до существования электронной почты вопрос, появившийся в одной части Школы, скажем, в Южной Америке, был вопросом также и в другой части Школы, скажем, в России. Каким образом? Лучшее объяснение, которое я мог найти, то, что центры связаны, как части одного тела. Логически студенты в Буэнос-Айресе не знают, что делают студенты в Новосибирске, и всё же существует какая-то связь.

Другой пример — это идея, что наша жизнь является пьесой; что события, которые происходят с нами, не произвольны и случайны, но связаны, и связаны разумно. Это пример психологического мышления. Логическое мышление рассматривает события отдельно и, соответственно, не видит структуры и цели в том, что случается. Оно имеет тенденцию фокусироваться на различии между событиями; оно любит находить противоречия между ними; любит найти, что неправильно; предпочитает думать в терминах противоположностей. С другой стороны, психологическое мышление стремится увидеть единство; хочет видеть сходство между вещами; видит связи и структуру. Короче, психологический метод начинается с другим отношением и поэтому способен видеть вещи под другим углом (что, в конце концов, и есть буквальный, физический смысл слова «отношение»). Поэтому с помощью этого метода можно осознавать много вещей, которые не видит логический ум.

Одним из последствий способности видеть, что вещи «зависят друг от друга и находятся в определённых отношениях друг с другом», становится то, что человек не может их рассматривать вне контекста. В особенности внутренний смысл идеи всегда должен быть взят с учётом контекста, в котором он используется.

Успенский сам был очень чувствителен к этому. Согласно свидетельствам, когда кто-либо начинал вопрос с: «Господин Успенский на прошлой неделе сказал...», он выслушивал вопрос, а потом спрашивал: «Да, но в какой связи я сказал это?»

Подобным образом человек не может успешно подойти к последовательности без того, чтобы не принять в счёт обстоятельства момента. В действительности, мне кажется, что одна из функций темы последовательности — быть уверенным в том, что это произойдёт. Можно даже сказать, что это происходит три раза: во-первых, когда тема намеренно выбрана, а затем дважды во время самой последовательности. Это даёт уверенность в том, что каждая последовательность крепко укоренилась в обстоятельствах момента.

Другой пример важности постоянного учёта обстоятельств, в которых что-то говорится, может быть виден в тех возражениях, которые низшая суть имеет в отношении интерпретаций образов Учителем. Когда Учитель ведёт встречи, он не обращается к человечеству в целом или не говорит с группой учёных о египетских иероглифах. Он говорит с людьми номер четыре, которые являются студентами школы, в которой он учитель. Следовательно, человек должен понять: то, что Учитель говорит, — не для всех, а только для его студентов, то есть для нас. И хотя люди вне Содружества могут интерпретировать образы по-другому и так, как им заблагорассудится, для нас и для нашей психологии эти образы имеют определённый внутренний смысл, и Учитель указывает нам на него. Но логическое мышление не допускает даже возможности присутствия внутреннего смысла. Оно упрямо держится за мысль, что Учитель говорит о внешнем смысле, который должен быть очевиден для любого, кто его видит. Конечно, такое отношение сбивает логический ум с толку, поскольку ясно, что смысл, который Учитель находит, не очевиден для каждого и что существует множество других возможных смыслов и так далее.

Части могут... всегда быть схожими, но такое сравнение может быть полезным только тогда, когда вы видите целое, а не только части... Мы думаем, что части можно сравнивать и что части могут быть правильными или неправильными вне их связи с целым.

Успенский говорил, что «понимание всегда означает связывание вещей с целым» — и это одна из наиболее важных сфер, где психологическое мышление видит связи. Центр Содружества имеет реальную значимость только в отношении к Школе как целому; сам по себе он бы быстро перестал существовать. Единственный способ, каким можно увидеть, что твоя жизнь имеет смысл и цель, исходящие от некоего высшего разума, — это рассматривать отдельные события своей жизни в отношении ко всей своей жизни.

В качестве другого примера человек может взять акт принятия пищи. Человек может есть во сне, или он может иметь очень намеренный, приятный инстинктивный и эмоциональный опыт пока ест, но это в действительности не приводит к пониманию внутреннего или духовного смысла поглощения пищи. Один из подходов — рассматривать принятие пищи как часть процесса, благодаря которому вселенная постоянно реорганизует себя, и в котором всё «ест» и всё «съедено» чем-то ещё. Логический ум рассматривает вещи отдельно друг от друга, говоря: «Я ем еду», но если всё связано воедино и действительно всё есть целое, тогда процесс еды теряет смысл как понятие – в конце концов, что можно прибавить к себе, когда ты поедаешь самого себя?

В этом месте использование психологического метода начинает разрушать одну из основных иллюзий второго состояния сознания, иллюзию отдельного независимого существования. Это подготавливает человека к следующей стадии психологического мышления, которая заключается в том, чтобы взять понимание внешнего мира и использовать его для понимания того, как внутренний мир человека постоянно меняется и реорганизует себя — способы, какими одно 'я' дает жизнь другому 'я', как низшие проявления, такие как негативные эмоции, могут быть трансформированы, и как высшие эмоции разрушаются и поедаются низшей сутью. Это похоже на огромный кипящий котёл, где над всем легко парит присутствие, подобно пару.

Увидеть разницу между логическим и психологическим мышлением можно еще одним образом: логическое мышление видит вещи разрозненно, потому что оно смотрит на них через многие 'я'. Одно 'я' видит одну вещь, другое 'я' видит что-то ещё. И поскольку эти два 'я' не связаны друг с другом, логический ум полагает, что и вещи сами должны быть отдельными. Психологическое мышление начинает видеть связи и сходство между вещами, потому что когда человек работает над собой, его 'я' начинают быть связанными. Но то, что придаёт единство этим 'я', не есть связь этих 'я' самих по себе, а то, что человек начинает иметь нечто большее, чем отдельные 'я', нечто устойчивое и постоянное, и 'я' становятся связанными благодаря своему отношению к этому нечто.

Это уже внутренний смысл идеи того, что все вещи связаны между собой. Человек может ощутить связи между внешними вещами лишь настолько, насколько он способен связать внутренние вещи, в особенности связать многие 'я' с чем-то более высоким. Другими словами, психологически внешние связи и внутренние связи есть на самом деле проявления одной и той же вещи, но на разных шкалах.

Сначала многие 'я' объединяет цель человека пробудиться. В процессе развития управляющего мы учимся воспринимать каждое 'я' и каждое явление в связи с их ценностью по отношению к пробуждению, то есть к нашей цели. На более высоком уровне, который, по моему пониманию, принадлежит нашему Учителю, всё связано через отношение к присутствию. Он присутствует и довольствуется тем, что рассматривает всё в отношении к своему присутствию, не в смысле интеллектуального размышления об этом, но в смысле реального переживания этого.

Конечно, пока присутствие не стало ещё непрерывным аспектом нашего бытия, это еще не стало реальностью. Но мы можем подготовить почву, усвоив как принцип, что вещи связаны между собой. Затем человек может сформировать привычку, спрашивая себя: «Как это относится к чему-то большему?» и затем находить это большее. С какой-то точки зрения даже не важно, что это будет, потому что думая таким образом, человек уйдёт от логического ума.

Основание [психологического] метода... есть осознание относительности ума — понимание, какого типа и вида ум использовался и осознание того, что в одном состоянии ума вещи могут быть поняты одним образом, а в другом состоянии ума по-другому. Психологический метод показывает, что каждая вещь, каждый вывод, каждое умозаключение есть только мысленная картинка и всего лишь результат работы нашего ума.

Логическое мышление рассматривает идею объективного как чего-то, что является общим для каждого. Для логического мышления стол — это стол, потому что каждый, кто входит в комнату, согласится, что это стол. С другой стороны, современная физика говорит, что стол столом на самом деле вообще не является, что он состоит из некоторых атомов, циркулирующих в пустом пространстве. Следовательно, даже стол — это умственная конструкция. И любой, кто проводил эксперименты с психоделическими наркотиками, убедился в том, что небольшое количество определённого наркотика может совершенно поменять тот способ, каким мозг человека соединяет информацию ощущений в образ реальности.

Но тогда, если реальность всего лишь умственная конструкция, что в таком случае реально? Единственная вещь, в которой человек может быть уверен, это то, что это его опыт в моменте. Возможно, впоследствии этот опыт окажется или не окажется реальным на некоторой большей шкале, но даже сам Абсолют не сможет отрицать, что это есть опыт этого человека. Таким образом, это является логическим доводом в пользу того, что мышление, основанное на психологии, по крайней мере, настолько же реально, насколько реально и логическое мышление. На самом деле, человек может быть даже больше уверен в реальности своего собственного «субъективного опыта», чем он может быть уверен в реальности чего-либо ещё.

Если рассматривать всё это ещё более внимательно, получается, что идея того, что объективное есть общее для всех, не только подразумевает, что то, что объективно, не зависит от человека, но также и то, что это может быть воспринято и понято любым, кто находится во втором состоянии сознания. Иными словами, чем глубже человек спит, тем более он объективен. Психологическое мышление переворачивает с головы на ноги идею объективного и субъективного, ибо оно подтверждает тот факт, что то, что человек воспринимает и понимает, зависит от его состояния сознания. Так что, вместо того чтобы брать второе состояние мерилом объективности, оно берёт этим мерилом третье состояние сознания и, в конечном счёте, четвертое. Действительно, вполне вероятно, что любой, кто находится четвертом состоянии сознания, воспринял бы или, по крайней мере, немедленно понял интерпретации образов Учителем. А если это так, его интерпретации оказались бы на самом деле более объективными, чем интерпретации логического ума, потому что они представляют собой объективность в высшем состоянии сознания.

Другой вывод, который напрашивается в связи с концепцией относительности ума, — то, что существуют лучшие и худшие виды мышления в применении к определённой насущной проблеме и что человек должен учиться обнаруживать и использовать наиболее подходящий вид мышления. Например, мышление эмоционального центра годится для разрешения некоторых проблем, в особенности для понимания и работы с другими людьми. Человек не может делать это эффективно, используя интеллектуальную логику. При этом эмоциональный центр полностью непригоден для подведения баланса чековой книжки. Когда же мы подходим к сознательному учению, человек должен понимать, что существуют разные типы мышления, но что даже они работают по-разному в зависимости от того, какой центр берётся и какое качество внимания используется, то есть от того, насколько присутствует человек. Если человек использует неправильную часть центра в отношении того, о чем он думает, это создаст значительно больше сбивающего с толку беспорядка, чем эмоциональные попытки сбалансировать чековую книжку.

Когда я писал в журнал «*Форум Содружества*», те эссе, что я написал, казались логичными, но в действительности они не были таковыми, потому что эмоциональный центр знал заранее, что я собираюсь «доказать». Я попросту конструировал аргументы, которые должны были привести меня туда, куда эмоциональный центр знал, что я хочу прийти. В работе, на самом деле, король червей понимает такие идеи, как «присутствие». Потом интеллектуальный центр может быть использован для того, чтобы описать, почему человек не присутствует, какие шаги необходимо сделать для того, чтобы добиться присутствия, и так далее, но сам по себе интеллектуальный центр не может решить, куда нужно идти.

Психологическое мышление намеренно. Это означает одновременно и то, что оно имеет цель и осведомлено об этой цели и то, что оно происходит в интеллектуальных частях центров. Соответственно, оно способно *использовать* разнообразные способности машины для достижения своей цели. Логическое мышление, с другой стороны, придерживается того мнения, что мышление хорошо само по себе вне зависимости от того, куда оно приведёт человека. А поскольку такое мышление, в сущности, бесцельно, то то, куда оно ведёт человека, часто не приводит ни к чему другому, как только к созданию силы сопротивления.

Тут лежит одна из трудностей в понимании идеи психологического мышления, а именно: психологическое мышление есть нечто большее, чем просто интеллектуальная деятельность. Оно предполагает здравый смысл, то есть смысл (или ум) всех четырёх низших центров, работающих сообща. Интеллектуальный центр может решить так или эдак: ты можешь делать это или ты можешь делать то и при этом находить благовидные оправдания и для того и для другого. Это его правильная работа и присущий ему путь постижения мира, а именно — воспринимать вещи относительно несвязанными друг с другом и затем устанавливать связи между ними. Но цель и предназначение должны приходить из какого-то другого центра. Часто этим центром оказывается инстинктивный, который, в конце концов, имеет очень определённые цели в отношении сохранения жизни машины. Но в работе цель человека должна быть установлена эмоциональным центром. В любом случае, когда цель установлена, намеренно или во сне, интеллектуальный центр способен проанализировать проблему, то есть определить, где человек находится и как он может добраться отсюда туда, куда он хочет прийти. Хотя это полезно, интеллектуальный центр не представляет всего человека, потому что даже на уровне машины человек имеет ещё три центра. В особенности, с точки зрения работы, у человека есть эмоциональный центр с королём, а у короля есть девятка центра.

Во втором состоянии сознания человек редко спрашивает себя, почему он думает, какова цель, что за проблема, которую человек пытается разрешить и так далее. Человек просто отождествляется с процессом и предполагает, что это правильно. Психологическое мышление начинается с ощущения, что ты имеешь разные инструменты под руками, а затем прикладываешь подходящий инструмент к разным сторонам проблемы или вопроса. И хотя это ещё не совсем то, что называется видением внутреннего смысла вещей, это сильно снижает способность форматорного ума держать человека заключённым в мире поверхностных проявлений.

Всё это: как вещи были связаны между собой, как использовались центры и их разные части, и на каком уровне присутствия всё это возникало — вносит свой вклад в ту относительность, о которой говорит Успенский. На своём высшем уровне психологический метод начинается с видения целого, а затем намеренно позволяет разным частям машины расчленять это целое и работать с ним. При этом всегда остаётся нечто, стоящее в стороне и просто наблюдающее, признающее сильные стороны и ограничения каждой части. Это «нечто» есть присутствие, и когда оно достигнуто, психологическое мышление трансформируется.

Чем больше центров и частей центров вы используете, тем лучше психологический метод. Это значит использовать все силы, которые вы имеете. Логический метод означает использование только механической части интеллектуального центра.

Каждый центр и каждая часть каждого центра создана для того, чтобы доставлять нам специфическую информацию о мире вокруг нас. Чем больше внимания и чем больше частей центров мы используем, тем глубже переживаем мы этот мир, включая наш внутренний мир. Каждая часть центра даёт только часть правды, только одну точку зрения на правду, но вместе они предоставляют большую и лучшую информацию о мире. Вследствие чего опыт человека становится более реальным.

Другой важный аспект, содержащийся в этой цитате: в то время как психологическое мышление предполагает использование всех сил, которые имеет человек, оно не требует приобретения чего-либо нового. Мы имеем внутри нас всё, что нам нужно, нам только нужно узнать, как пользоваться этим.

В конечном счёте, то, что Успенский описывает как психологическое мышление, очень похоже на переживание высших центров. Так что практика психологического мышления подготавливает или тренирует четыре низших центра к встрече с проявлением высших центров. Например, когда высший эмоциональный центр проявляется, он видит связи между вещами, но четыре низших центра никогда не пробовали смотреть на мир таким образом, поэтому они будут не способны иметь дело с новыми ощущениями и отреагируют испугом или возбуждением или будут иметь оппозиционные 'я', такие как: «Вещи не могут быть связаны таким образом», «Это сумасшествие» и так далее, немедленно прерывая связь с высшими центрами.

Что необходимо [для психологического мышления] — это простое мышление, но не обычное узкое мышление. Логическое мышление узкое, но психологическое мышление — более широкое мышление, сравнивающее не две вещи, а может быть, даже пять. Логическое мышление всегда имеет дело с двумя. Одно должно быть правильным, другое ложным. Для психологического метода это не обязательно, обе вещи могут быть неправильными или обе правильными. Логически они могут противоречить друг другу, но с точки зрения психологического метода, они дополняют друг друга.

Книга «*Четвёртый путь*» была составлена после смерти Успенского из записей встреч, которые он вёл, то есть у него не было возможности просмотреть то, что он говорил. В данном случае, говоря: «обе вещи могут быть неправильными или обе быть правильными» он слегка позволил логическому мышлению просочиться в его изложение. На самом деле, обе вещи — в действительности всё, о чем человек думает — частично правильно и частично неправильно, всё это не завершено, всё это только точки зрения. Мысля же психологически, человек просто спрашивает себя, что есть правильного в этой идее.

В этом контексте существует другая точка зрения Успенского:

Человеческий ум не может изобрести чего-то абсолютно неправильного. Нормальный ум, работая свободно, не связанный с некоторой предполагаемой правдой, всегда приходит к какой-то правде.

Психологическое мышление пытается найти эту правду, а потом оно может сравнить правду разных точек зрения, чтобы определить, которая из них более полезна и подходит к обстоятельствам момента. Больше того, вопрос не в том, является ли какая-то идея лучшей в огромном, универсальном смысле; вопрос в том, является ли она идеей, которая нужна мне в данный момент? Правильна ли она для окружающего меня мира, реальности, в которой я живу прямо сейчас? Другими словами, это сравнение не абстрактное и философское, а вместо этого практическое и психологическое.

Логическое мышление почти всегда начинается с попытки понять, что есть неправильного в данной идее. Это препятствует любому реальному пониманию, потому что как же человек может понять идею, раздумывая о том, что в ней неправильного, или думая о случаях, в которых она не применима? В противоположность этому психологическое мышление является позитивным и утверждающим. Это связано с точкой зрения Успенского из «*Дальнейших записей*» о том, что негативная часть интеллектуального центра, так же, как и негативная часть эмоционального центра, не нужна. Используя психологическое мышление, человек думает о том, что хорошего и правильного есть в идеях, людях и событиях, и затем, если ему нужно сравнивать вещи, он способен сравнить хорошее, а не сравнивать ограничения и слабости. Вместо того чтобы искать, как разные точки зрения противоречат друг другу, человек пытается понять, как они дополняют друг друга и таким образом дают более полное и завершённое понимание. На самом деле, с точки зрения психологического мышления, противоречия — это иллюзия, которая служит лишь для того, чтобы продемонстрировать ограничения логического ума. В конце концов, как может нечто целое и завершённое, такое как вселенная, противоречить само себе?

Теперь мы перейдём к некоторым вещам, которые Успенский сказал об эзотеризме. Под эзотеризмом он подразумевал эзотерическую нить, которая проходит сквозь всю историю человечества. Менее абстрактно наш Учитель говорит об этом как о «школе». И здесь мы видим одно из мест, где психологический метод не достигает уровня «мышления» высших центров. Как я понимаю, для Учителя школа существует вне времени, а также имеет разные проявления во времени, тогда как мы можем понять школу только как нить, проходящую через всю историю. Это, возможно, является главной причиной того, что нам так трудно установить те связи, что устанавливает он. У него есть единое целое, с которым он может связать отдельные проявления, но поскольку это целое вне времени и поэтому вне понимания наших четырёх низших центров, нам остается только пытаться связывать эти отдельные проявления между собой.

Существует также внутренний смысл этой идеи. Внутренне эзотеризм относится к происходящей работе, как нить, идущая через всю жизнь человека. Это есть «внутренний смысл» жизни человека. Иногда он очевиден, но большую часть времени скрыт. Тем не менее, если человек понимает эту идею, он может его найти.

Для логического мышления эзотеризм есть нечто невозможное, потому что он не может быть продемонстрирован или сформулирован, но для психологического мышления, которое видит психологическую природу вещей, идея эзотеризма вытекает из многих фактов, которые мы можем наблюдать. Так что психологический метод может привести к подтверждениям существования эзотеризма — конечно, субъективным подтверждениям, но всё-таки подтверждениям.

Для того чтобы найти связи между вещами в истории, которые продемонстрируют наличие эзотеризма, человек должен начать с идеи, что вещи имеют внутренний смысл. В теории человек может допускать много смыслов, но то, что мы ищем, есть *внутренний* смысл, который звучит глубоко в нашем собственном эмоциональном центре. Вопрос в том, что это за смысл для нас, людей номер четыре в Содружестве?

В качестве примера мы можем взять ключ, где лодка представляет собой девятку червей. С логической точки зрения лодка — это просто сосуд, который может быть использован для того, чтобы перевезти что-то по воде, но для психологического мышления идея лодки имеет много возможных связей. В частности, Учитель воспринимает лодку как что-то не тонущее в воображении и многих 'я'. Для него лодка становится ковчегом, в котором нечто драгоценное — присутствие — защищено от океана воображения. И часть машины, которая может защитить присутствие таким образом, — это девятка червей.

Конечно, Учитель не станет заниматься подобными логическими объяснениями. Здесь скорее моё понимание опыта его высших центров. Не то чтобы девятка червей была *как* судно, скорее и судно и девятка червей представляют психологически один и тот же принцип. Как и в случае со многими 'я', связь между отдельными вещами видится через их связи с единым целым. С такой большей точки зрения отдельные вещи есть фактически одна и та же вещь, проявляющаяся в разных обстоятельствах.

Единственный смысл скрытого знания в том, что оно может быть найдено; важно знать, как его распознать.

С одной точки зрения, Учитель пытается показать нам, как распознавать скрытое знание, чтобы мы могли находить его и использовать. В конце концов, становится ясно, что единственная причина, по которой что-либо прячут, — это чтобы кто-то нашёл спрятанное. Если ты не хочешь, чтобы спрятанное когда-либо было найдено, ты просто уничтожишь его. Если подумать, станет очевидным, что так оно и есть, просто логический ум не может понять это сразу. Знание спрятано, чтобы сохранить его, пока его не найдут. Если мне нужно это знание, и я знаю, как искать, я тот, для кого это знание было спрятано.

Идея эзотеризма подразумевает передачу знания; это предполагает существование группы людей, которым принадлежит определённое знание. Это не должно быть понято в каком-то мистическом смысле, но более определённо и конкретно.

Эзотерическое знание спрятано, главным образом, не потому, что оно захоронено или выражено секретным кодом; оно спрятано всилу уровня бытия. Конечно, существовали времена, когда открытая дискуссия об эзотерических идеях приводила к преследованию, и Успенский действительно указывал на то, что время от времени в прошлом могли существовать секретные сообщества, но также правда и то, что сознательные существа делали великие усилия, чтобы это знание было доступно. Они объясняли его настолько ясно, насколько могли, используя слова, разные виды искусства, танец, движение, но если человек не имеет уровня бытия, чтобы понять это, он не сможет его постичь. Это будет всё равно, что попытка объяснить слепому, как любоваться розой. Вы можете объяснить, что такое роза, вы можете описать её, дать ему её ощупать, понюхать, но он всё равно не будет иметь того же впечатления от розы, что имеет зрячий.

Сейчас в Школе, когда Учитель работает так прямо с эзотерическими идеями и представляет нам эзотеризм иначе, чем мы его знали до этого, полезно помнить, что причина, по которой многие вещи не ясны, заключается в том, что *мы* ещё не имеем бытия, чтобы полностью понять их. Ограничения не в Учителе и не в изображениях, которые он использует, также и не в объяснениях к ним. Ограничение в том, что наше бытие ещё не достигло уровня, на котором мы можем постичь связи, даже когда они показаны нам.

Это также применимо к нашему внутреннему миру. Низшая суть и многие 'я', из которых она состоит, не могут понять работу Учителя, потому что они не имеют необходимого бытия. С другой стороны, рабочие 'я' проявляются в более высоком состоянии сознания и потому могут её понять. Однако логический ум не понимает этого тоже и воображает, что все 'я' должны понимать все одинаково. Управляющий должен использовать психологический метод, чтобы сфотографировать недальновидность такого отношения и заново установить фокус на усилиях поднять бытие тех частей человека, которые способны воспринять более высокие уровни бытия, до уровня, где это понимание возможно.

Мы можем найти, что великие индийские поэмы и Новый Завет находятся на более высоком уровне, чем всё остальное, нам известное... Ничто обычное объяснить их не может — все эти вещи абсолютно исключительны. Если рассматривать их отдельно и предполагать, что в них нет никакого внутреннего смысла, их невозможно объяснить. Но если мы попытаемся использовать психологический метод, мы найдём связь.

Когда Учителя спрашивают о проверке Влияния С, часто он повторяет одно, что проверка происходит посредством серии событий слишком многочисленных, чтобы быть случайными. Когда человек использует психологический метод и ищет внутренний смысл по отношению к самому себе, он начнёт находить этот смысл и в великих индийских поэмах, и в Новом Завете, и в древних египетских текстах, в действительности во многих вещах возникших в разных местах в разные времена. И хотя он не может доказать это логически, эмоциональный центр начинает обнаруживать, что не может быть простой случайностью и что, по-видимому, происходит что-то другое.

Если мы будем рассматривать историю обычным образом, как серию отдельных событий, мы не найдём подтверждения существования эзотеризма... Но если мы знаем, что вещи связаны между собой и поищем эти связи, мы найдем их скрытыми за поверхностью.

Вдобавок к поискам связей, у нас также должен быть способ, каким связывать вещи. Этот способ для психологического мышления должен быть способом, одновременно связывающим вещи *с* нашей психологией и *внутри* нашей психологии. Учитель дал нам примеры инструментов, которые он использует, чтобы создать подобные психологические связи, а именно: тридцать рабочих 'я', последовательность, девятка червей, управляющий, четыре бессловесных дыхания и третий глаз. Пользуясь этими инструментами, он увидел вещи и провёл между ними связи с доисторических времён до современности. И для него эти связи обнаруживаются слишком часто, чтобы быть просто случайностью.

В заключение я бы хотел показать, как некоторые из этих идей могут применяться к определённому изображению: это пещерный рисунок одиннадцати оленей, бегущих цепочкой, находящийся в Баха Калифорния. Логический ум видит оленей и, поскольку у него нет концепции внутреннего смысла, это всё, что он видит. Он может спросить, зачем кому-то понадобилось рисовать оленей на стене в пещере и получит простой форматорный ответ, например, что тут был религиозный культ, создавший этот рисунок. Логический ум никогда не думает, что образ имеет смысл для *меня*. Вместо этого он относится к нарисованному как к чему-то совершенно отдельному от себя, и один из способов, каким он усиливает чувство отделённости, это критика рисунка: отдельные олени нарисованы неправильно; олени на самом деле не бегают такой цепочкой, они бегут стадом; цепочка оленей не прямая, а отклоняется вверх по стене и так далее. Таким путём логический ум уничтожает любую возможность нахождения личной значимости изображения.

С другой стороны, психологический ум начинает с предположения, что вещи имеют внутренний смысл — психологический смысл, — он смотрит на рисунок, подразумевая некоторую возможность. Он может заметить, что олени бегут цепочкой, а не стадом, как это бывает в природе, и он спросит себя, какие вещи я вижу в себе, выстроенные в линию? Для нас очевидным ответом будет, что это последовательность. Затем он видит, что одиннадцать оленей разделены на группу из шести и группу из пяти. Группа из шести укладывается в идею, что психологический смысл изображения для нас — это последовательность, но потом возникает вопрос, почему вторая группа состоит из пяти, хотя обычно мы думаем о четырёх бессловесных дыханиях, как о том, что следует далее в последовательности. Для Учителя, тем не менее, последовательности не есть изолированные события, но как и моменты присутствия, они плавно переходят одна в другую. Таким образом, психологический смысл пятого оленя в том, что он представляет собой начало новой последовательности и что всё изображение не только показывает завершённую последовательность, но также демонстрирует одну последовательность, ведущую к другой.

Моя теория того, что происходит дальше, такова: Учитель изучает образ, чтобы видеть, содержит ли он что-то ещё, что укладывается в эту модель и имеет эмоциональную значимость для него. Например, каждый из оленей окружён аурой белого цвета, который, как он знает из другого контекста, представляет собой присутствие. Кроме того, внутри двух групп передние ноги одного оленя касаются задних ног другого, что напоминает Учителю, что не должно быть перерывов между 'я' последовательности. Затем то, как расставлены ноги десятого оленя, передаёт чувство радости, как если бы человек прыгнул в присутствие, так он чувствует, когда успешно заканчивает последовательность. Учитель замечает, что цепочка оленей поднимается вверх, как поднимается вверх состояние человека, когда он проходит через последовательность. В этот момент это становится серией наблюдений слишком многочисленных, чтобы быть случайными. И Учитель находит подобные образы снова и снова по всему миру, и они тоже слишком многочисленны, чтобы быть случайными.

Конечно, предыдущее описание сделано, в основном, с точки зрения человека номер четыре, тогда как я думаю, что Учитель просто *видит* связи и смысл вначале, а затем ищет способы выразить их своими четырьмя центрами так, чтобы поделиться с нами. Это можно рассматривать как несколько внешний пример лестницы Иакова: Учитель посылает 'я' к нам вниз, а мы пытаемся иметь 'я', которые будут взбираться вверх по лестнице, что он создал. Но сами по себе 'я' никогда смогут достичь цели. Как в случае с тем, когда человек видит, что трава зелёная, но никак не может объяснить на самом деле, что это значит, кроме как сравнив это с другими вещами зелёного цвета, такими, как листья деревьев: «Смотри, трава зелёная и листья зелёные», — говорит он. Так же и наш Учитель пытается показать нам последовательность в разных образах: «Смотри, эти олени — последовательность и вот эта цепочка египтян тоже последовательность!» Но без высших центров постичь это прямо у нас не очень получается, так же, как дальтонику не понять смысл «зелёного», сколько бы зелёных вещей ему не показали. И всё же, даже если мы ещё не имеем преимущества постоянного присутствия высших центров, мы можем натренировать себя «думать» психологически, что означает организовать наш опыт через подражание высшим центрам так, как если бы он был сформирован благодаря постоянному присутствию.

Интересно, что Успенский сказал: вещи *имеют* внутренний смысл, а не внутренний смысл им придан. Мы обсудили психологический способ того, как этим пользоваться, а именно: вещи имеют внутренний смысл относительно психологии человека. Но мы можем обсудить это также на более внешнем уровне. Это может быть полезно, когда имеешь дело с низшей сутью. Например, мой интеллектуальный центр спрашивает: те люди, что жили какой-то там своей жизнью тысячи лет тому назад, действительно ли понимали созданные ими доисторические образы в терминах последовательности? Но это неважно. Был ли этот смысл придан изображениям намеренно их изначальными художниками или создан Влиянием С через мастеров, или возник случайно, — важно, что этот смысл существует для *меня*.

Конечно, Учитель, как видно, не имеет сомнений, что художники точно знали, что они делали. Но в сражении между управляющим и низшей сутью один из способов, каким управляющий может перехватить инициативу и превратить возражения низшей сути в не относящиеся к делу, это указать на то, что поскольку внутренний смысл существует для *меня*, на самом деле, не важно понимали ли люди, которые создали эти рисунки, их так же, как мы, или нет. Можно также спросить низшую суть, имеется ли у неё лучшее объяснение, почему изображение выглядит именно так. После наблюдения многочисленных оппозиционных 'я', которые возникли, когда Учитель впервые продемонстрировал рисунок из пещеры в Баха, лично я должен признать, что определённо не слышал теорий лучше той, которую представил он.

И в чём же настоящая значимость всего этого, его внутренний смысл? Это присутствие! Присутствие есть внутренний смысл наших жизней, и когда человек присутствует, он понимает это. Опыт присутствия связывает отдельные моменты нашей жизни, и отдельные моменты все связаны с присутствием. То, чему мы на самом деле учимся, это проживать наши жизни с пониманием, что внутренний смысл нашей жизни — присутствие, что буквально всё связано с присутствием. Но как же нам научиться видеть это? Как нам научится пребывать в состоянии, в котором человек может жить в большом городе и понимать, что внутренний смысл этой жизни — присутствие? Один из подходов — это начать с чего-то более лёгкого. Постарайтесь понять внутренний смысл пещерных рисунков, это значительно легче, чем понять внутренний смысл своей жизни. Тот факт, что низшая суть так сильно сопротивляется этому усилию, вероятно, лучшее подтверждение того, что это действительно дверь в иной мир, то есть это лучшее доказательство, которое может иметь человек до тех пор, пока он сам не окажется в этом мире.

Пробуждение, умирание и рождение заново

(По материалам завтрака в Аполло 28 августа 2007 г.)

Человек может родиться, но для этого он должен сначала умереть. Чтобы умереть, он должен вначале пробудиться.

Предыдущая строка, скорее всего взятая из «*книги афоризмов, которая никогда не была опубликована и, вероятно, никогда не будет опубликована*», является темой первых трех или четырех страниц главы XI в книге «*В поисках чудесного*». Спустя несколько строк она повторяется в виде другого афоризма:

Когда человек пробудится, он может умереть. Когда он умрет, он сможет родиться.

Эти строки пришли мне на ум, когда я спросил себя, почему низшая суть выражает такое неистовое противодействие учению в текущий период. Многие студенты имеют с этим серьезные проблемы, и у меня самого больше оппозиционных 'я', чем обычно (хотя большинство из них я просто наблюдаю и даю им уйти). Лучшее объяснение, о котором я могу подумать, что что-то оказывает возрастающее давление на низшую суть. Это наводит на мысль о том, что возможно низшей сути пришло время «умереть», и поэтому, я решил рассмотреть, что в действительности Успенский говорил об этом.

Что удивило меня, когда я прочитал это, так это то, что в дополнение к тому, что это применимо на шкале нашей индивидуальной эволюции, эти афоризмы также приложимы и к последовательности. Для того, что бы родится в четырех бессловесных дыханиях, человек должен вначале «умереть» — управляющий должен умереть на шестом рабочем 'я', но прежде, чем управляющий может умереть, он должен пробудиться – он должен провозгласить краткое Ве и затем произнести успешную последовательность.

В дальнейшем, мы будем стараться удержать в уме обе эти шкалы: шкалу последовательности и шкалу нашей персональной эволюции. Что рождается на каждой из них? Что должно умереть, прежде чем это может случиться? И какого рода пробуждение должно произойти, чтобы все это стало возможным?

Согласно Успенскому, пробуждение начинается с познания себя как машины. С одной точки зрения, это то, над чем мы работали годами, изучая типы тела, четыре низших центра, черты, воображение, отождествление, ложную личность и т.д. Но подлинное познание себя как машины, требует более глубокого понимания, чем полученное только из изучения механичности.

В «Поисках чудесного» Успенский так описывает это:

Пробудится означает осознать свое ничтожество, то есть осознать свою полную и абсолютную механичность и свою полную и абсолютную беспомощность... Когда человек начинает познавать себя, он видит, что не имеет ничего своего, и все, что он считал своим: его взгляды, мысли, убеждения, привычки, даже недостатки и пороки, все это не принадлежит ему, но было либо сформировано путем подражания, либо заимствовано откуда-то уже готовым. И чувствуя свою ничтожность, человек может увидеть себя таким, каков он есть на самом деле, не на секунду, не на мгновение, но постоянно, никогда не забывая об этом.

Пробуждение происходит этапами. Вначале, человек изучает свою механичность и приходит к пониманию того, что он в действительности машина. С этого момента, он двигается в направлении осознания, что его представление о себе и о мире вокруг основано не на реально воспринятых вещах, но на картине, которая представлена ему машиной, то есть на ограниченных сенсорных данных, которые поставляет инстинктивный центр, и, что более важно, на том способе, которым эти данные интерпретируются оставшейся частью машины. Другими словами, наша картина себя и мира воображаема, и это, как я понимаю, имеет в виду Успенский, говоря о ничтожности человека, поскольку воображение, в конце концов, буквально есть ничто.

Человек затем пытается отделить себя от воображаемой картины — почти так же, как он отделяется от снов, когда он просыпается и выходит из первого состояния утром — но находит, что он не может этого сделать, и что настоящая проблема лежит не в том, как машина видит себя, но в его *отождествлении* с той картиной, которая поставляется машиной.

Этот переход – от того, чтобы видеть проблему в собственной механичности, к тому, чтобы видеть проблему в воображении и понимать, что она состоит в отождествлении с воображением – происходит постепенно в течение многих лет.

Успенский так говорит об этом:

Невозможно полностью пробудится за один момент. Вы должны вначале пробуждаться на короткие промежутки времени. Но умереть человек должен раз и навсегда после того, как определенное усилие сделано, определенное препятствие преодолено, определенное решение принято, после которого нет пути назад. Это может быть трудно, почти невозможно для человека, если бы не было предшествующего медленного и постепенного пробуждения.

Отсюда понятно, что умирание требует значительного эмоционального желания. Это желание возникает как из желания быть кем-то другим, в большой степени базируюшимся на опыте, который мы получаем в дар от Влияния С, так и из эмоциональной реакции короля червей (и возможно даже дамы) на опыт видения себя тем образом, о котором говорил Успенский:

Когда человек узнает себя хотя бы немного, он увидит в себе много вещей, которые неизбежно ужаснут его. До тех пор, пока человек не ужаснулся, он не узнает ничего о себе.

Низшая суть отреагирует на это утверждение предположением, что человек ужаснется, увидев такие вещи, как собственные черты, то есть, увидев, что он гораздо мельче, чем воображал о себе. Но я думаю, что Успенский в действительности говорил об осознании того, что человек имеет потенциал быть божественным существом, но живет жизнью, немногим лучшей, чем жизнь червя. Моя личная проблема заключается в том, что меня не ужасает ни моя механическая жизнь, ни тот факт, что я мог бы быть божественным существом, но им не являюсь. Я натренировал себя (говоря об управляющем) использовать такое отношение, что все, что я вижу, всегда было здесь, и нет никакой необходимости ужасаться от того, что я вижу; на самом деле, я нахожусь в лучшей ситуации, так как я больше не нахожусь в воображении по поводу того, что вижу. Это полезно для нейтрализации низшей сути, когда она реагирует и ужасается, но, возможно, достигнуто мною за счет жертвования эмоциональной интенсивностью, необходимой для добровольного умирания.

С другой стороны, я вижу много студентов, которые, похоже, еще не имеют достаточно понимания того, что жизнь четырех низших центров — это ничто, что это лишь жизнь машины и она механична. В частности, они еще не поняли, что 'я' нереальны. Когда многим 'я' предлагают умереть, они не согласны, — они, конечно, отказываются умирать, — такие студенты отождествляются с этим отказом. Как бы там ни было, я чувствую, что после буквально десятков лет работы над собой, многие старшие студенты достаточно пробудились к своим машинам, а сейчас пришло время умереть, готовы они к этому, или нет. Но в нас есть много частей, которым трудно оставить то, что мы всегда считали своей жизнью, вместе со всеми идеями о том, кто мы есть, как устроен мир и как мы смотрим на вещи.

К счастью, у нас есть помощь. Например, многие вещи, которые Учитель видит в изображениях, используемых на встречах, противоречат тому, чему обучена моя машина. Это в свою очередь, подразумевает, что он показывает мне, как смотреть на вещи по-другому. Но здесь дело не только в изображениях. Вообще говоря, это относится к отождествлениям в личности (например, интерпретации доисторических изображений, даваемые Учителем, не согласуются с общепринятыми мнениями ученых нашего времени), таким образом Учитель и Школа бросают вызов некоторым из наших самых основных представлений о том, как мы должны смотреть на жизнь, и те из нас, кто пробыл в Школе достаточно долго, чтобы эти отношения глубоко укоренились, чувствуют этот вызов.

Студент: *То, что должно умереть, это 'я', или говоря точнее, иллюзия той жизни, которую получают 'я', когда мы отождествляемся с ними, будь они позитивными или негативными. Когда отождествление убрано, 'я' становится ничем, просто еще одним 'я'. Когда 'я' видят, что они не реальны, это пугает их, и они ужасаются, но нас это оставляет в бессловесном состоянии.*

Можно сказать, что умирает низшая суть, но низшая суть в смысле отношений и отождествлений, лежащих за многими 'я'. Одна из тех вещей, из-за которой умирание трудно принять, — это мысль о том, что должны умереть сами 'я'. Конечно, с одной точки зрения, как может умереть то, что в действительности не существует? Но будет более точным сказать, что умереть должно наше *отождествление* с самими собой и нашими 'я'. Многие 'я' могут остаться, в частности, полезные 'я' – например, нет причины отказываться от всех других идей об изображениях; необходимо только заодно учитывать и идеи Учителя, — однако, это значит, что необходимо отказаться от ваших отождествлений со всеми другими теориями. Это, в свою очередь, означает, что необходимо отказаться от идеи, что вы правы и что ваш способ познания мира объективен.

Одно из глубинных отношений низшей сути основано на том, что наш способ восприятия мира по существу не отличается от того, как воспринимает мир Абсолют. Конечно, когда мы так говорим, немедленно становится очевидно насколько нелепо такое отношение. Тем не менее, мы принимаем свой опыт как бесспорно объективный, что является примером такого сорта глубинных отношений и отождествлений, из которых, в действительности, состоит низшая суть. И поскольку у вас есть такие отношения, то рождаются всевозможные 'я'.

Конечно, было бы страшно отказаться от всего, что вы

считали реальным, но странно, что отказаться необходимо только от *отождествления*. Однако это пугает низшую суть, потому что наши отождествления с идеями, мнениями и отношениями служили основанием, на базе которого четыре низших центра получали опыт жизни, начиная с раннего детства, и теперь нас просят оставить их, в том смысле, чтобы видеть их такими, как они есть, не отождествляясь с ними, и затем согласиться рассмотреть другие точки зрения, включая такие, которые для логического ума кажутся противоречивыми. (Идея о том, что противоречие символизирует что-то неправильное – это тоже одно из отношений, от которых нужно отказаться. В действительности, противоречия только указывают на ограничения четырех низших центров).

В любом случае, низшая суть думает, что 'я' и отношения, из которых она состоит, исчезнут сами по себе. Что происходит на самом деле, так это то, что эти 'я' и отношения остаются, но в свете присутствия, вместо того, чтобы принимать их за реальность, вы видите, что они не более, чем двухмерное отражение реальности.

Студент: Когда вы используете будильник, чтобы пробудить себя из первого состояния, будильник звенит не для той части, которая спала; он звенит, чтобы создать шок и пробудить на мгновение что-то другое. Однако за этим должно последовать усилие, так что должен прозвучать ещё звонок, а затем третий, чтобы можно было осознать, что в комнате что-то есть. Часто за этим следует большая борьба, но звонок продолжает звенеть для высшей части в нас, а не для той части, которая хочет продолжать спать. Другими словами, вы должны пробудиться и быть. Затем, вы можете умереть к той части, которая хочет вернуться в сон, и начать жить.

Одним из путей решения вопроса о том, что умрет, будет, конечно, способ рассмотреть это в терминах последовательности. К настоящему моменту, большинству из нас понятно, что значит для управляющего умереть на рабочем 'я' номер шесть, и мы знаем, что это ни в коей мере не противоречит тому факту, что управляющий бодрствует во время четырех бессловесных дыханий, или, что управляющий рождаетсяся заново, чтобы начать новую последовательность. Так что управляющий умирает с одной точки зрения, хотя с другой точки зрения он не умирает; он просто принимает новую роль. И с еще одной точки зрения, управляющий преображается, становясь присутствием.

Когда мы говорим об умирании на шкале личной эволюции, ситуация очень похожа. С одной точки зрения, «умереть» означает освободить что-то, в то время как с другой точки зрения, это значит, что ощущение самого себя исходит из присутствия, а не от деятельности машины. В конце концов, низшие центры не умирают физически – у вас по-прежнему есть 'я' во всех четырех центрах, и они механически реагируют на стимулы. Разница заключается в том, что вы видите эти 'я', отношения, и жизнь четырех низших центров, как что-то отдельное от вас самих.

Возвращаясь к последовательности, можно сказать, что имеется несколько уровней смерти управляющего. Иногда я испытываю божественное присутствие третьего глаза, но чаще я испытываю бессловесное присутствие королей. В первом случае, то, что умирает — это моя привязанность к машине; во втором случае – моя привязанность к действиям машины, в частности, моя привязанность к жизни низшей сути и многим 'я'.

Сходным образом, продолжая работать, вы можете пройти через различные виды смерти. Но в любом случае, смерть сопровождается чувством, как говорил Успенский, «преодоления некоторого препятствия, принятия некоторого решения, после которого нет пути назад». Для меня, присоединение к Школе было таким моментом, но этому решению несколько раз был брошен вызов, последний раз из-за последних событий в Школе и учении. Однако, каждый раз, когда мне был брошен вызов, я смог восстановить свою приверженность Школе. В результате, та часть, которая сомневалась в Школе и в моем участии в ней, должна была умереть. И я счастлив сказать, что в этот раз управляющий был значительно сильнее, а сомнения значительно слабее, и смерть значительно легче.

Студент: *Большинство из нас понимает, что в нас есть часть, которая нереальна, и мы готовы отказаться от нее и дать ей умереть; в действительности, мы в ужасе от того, что такая значительная ее часть еще не умерла.* Когда я вступил в Школу, я чувствовал, что получил знания более высокие, чем все, что я знал до тех пор, и это служило мне компасом в Школе. Сейчас, однако, я чувствую, что мой внутренний компас начал давать сбои, как будто стрелка ходит по кругу. Мне очень трудно представить, что учение на текущий момент представляет то направление, которое искала моя внутренняя часть, и что я могу сказать 'да' всему этому. Я не думаю, что это происходит потому, что моя низшая суть ищет уверенности, — хотя возможно это и так, и я не вижу этого, — но, скорее, мой внутренний компас не может следовать туда, куда, по-видимому, следует Учитель, и я чувствую, что я остаюсь здесь, но я должен отказаться от учения.

Определение низшей сути, которое я нашел наиболее полезным, это то, что низшая суть есть все, что создает силу сопротивления моей работе и моему управляющему. С таким определением становится понятно, что 'я', которые были только что описаны, приходят из низшей сути. Вы можете увидеть это по тому, как они были выражены. Например, вы упомянули, что не можете сказать 'да' всему текущему учению. Честно говоря, я никогда не мог сказать 'да' всему учению. Но говорить 'всему' да – форматорно, и это способ мышления низшей сути. Управляющий должен заменить это отношение чувством благодарности к той части, с которой вы смогли согласиться, и просто без чувства осуждения запомнить оставшееся. Первое отношение затрудняет использование того, чему учит Учитель, в то время как второе делает возможным использовать то, что вы можете.

Сходным образом, я бы сказал, что вопрос не в том, чтобы «отказаться от учения», но скорее в том, чтобы отпустить внутренний компас. Нас привели на новую территорию, где внутренний компас больше не работает, но вместо того, чтобы пытаться попасть на эту территорию с компасом, который, как мы знаем, не будет там работать, или отказаться входить туда совсем, мы должны оставить инструменты, которые довели нас до этого места, и верить, что каким-то образом, под руководством Учителя, мы сможем найти путь без них. Этот компас похож на роль Вергилия в «Божественной комедии». Он служил Данте проводником через Ад и Чистилище, но когда вершина Чистилища была достигнута, он исчез, и Данте последовал в Рай с новым проводником. Другими словами, под руководством Вергилия Данте пробудился; затем Вергилий умер (вместе с Данте), и Данте начинает новую жизнь в Раю.

Все эти годы, во время которых мы доверяли своему внутреннему компасу руководить нашей работой, происходило что-то еще – что-то, что осталось почти невидимым для той части, которая совершала работу. Это трудно поддается описанию, но можно назвать это ростом бытия. Возможно, нам больше не нужен внутренний компас, потому что у нас появилось бытие, достаточное, чтобы найти свой собственный путь. Но мы никогда не убедимся, что это так, до тех пор, пока мы держимся старой карты и старого компаса. Необходимо забрать их у нас — то есть, они должны умереть — чтобы новый человек мог родиться и расти.

В то же самое время, всё, что мы проверили в прошлом, по-прежнему верно – в конце концов, проверка значит именно это. Изменилось то, что если ранее проверки служили поиску цели в смысле поиска того, куда вы хотите попасть, то теперь они просто указывают туда, где вы находитесь, то есть в настоящее – в это настоящее, СЕЙЧАС. Однако только король червей может действительно понять это, что означает необходимость внутреннего усилия для того, чтобы установить и поддерживать контакт с этим пониманием. Нечто для нас новое: понимание не присутствует само по себе, но появляется только тогда, когда вы делаете усилие достичь его и удерживать, несмотря на многие 'я', которые не разделяют его. Это, таким образом, еще одно место, где ваш опыт последовательности, в частности, усилий удержать последовательность, находит свое прямое применение перед лицом вызовов, с которыми мы встречаемся в нашей работе.

Наш опыт последовательности также показывает, что хотя, с одной точки зрения, управляющий умирает, с другой точки зрения, он преображается. Это еще один способ смотреть на внутренний компас. Одна из вещей, за которую я стараюсь держаться – это понимание того, что наши пьесы управляются высшим разумом – тем, что мы называем Влиянием С, и если вы теряете одну вещь, так это потому, что другая вещь приходит на ее место. По моему опыту, прежде чем что-то новое появляется, старое понимание уменьшается и постепенно исчезает, оставляя человека в промежутке, где, как кажется, никакого понимания нет совсем. Поэтому, если что-то, как, например, мой внутренний компас, перестает работать – если он умирает, и я чувствую себя потерянным и сбитым с толку, то в моем управляющем имеется часть, которая, в действительности, благодарна, и с нетерпением ждет, что появится из страдания, сопровождающего такого рода смерть.

Конечно, мне кажется, что один из аспектов готовности умереть – это развитие такого рода доверия высшим силам. Если вы действительно поняли, что вами руководят ангелы, зачем вам нужен компас? Даже если у вас нет представления о том, куда вы движетесь, Влияние С точно знает об этом и будет вести вас туда, куда нужно. Конечно, низшей сути не нравится тот факт, что дорога в Рай проходит через огонь, но одна из вещей, которая отличает человека номер шесть или семь от человека номер четыре — это то, что они больше не задаются подобными вопросами. Эта часть умерла в них, и вероятно, пришло время этому умереть и в нас тоже.

Относительно того, что значит умереть, Успенский сказал следующее:

Продолжительное осознание своей ничтожности и беспомощности постепенно даст человеку смелость «умереть», то есть умереть не просто умственно или в его сознании, но умереть фактически и отказаться раз и навсегда от тех аспектов самого себя, которые либо бесполезны с точки зрения его внутреннего роста, либо препятствуют ему.

Это выглядит случаем более полной смерти низшей сути как силы сопротивления к работе человека, чем частичная или подготовительная смерть, о которой мы говорили до сих пор. Она может включать в себя глубокое эмоциональное понимание того, что вы больше не хотите иметь никакого дела с теми 'я', которые создают силу сопротивления для управляющего и вашей эволюции. Однако машина продолжает подсовывать 'я', которые выглядят разумными и невинными, но которые, тем не менее, создают помехи управляющему. Фактически, они часто представляют правильную работу тех центров машины, из которых они пришли, например, такие 'я', как «Я не знаю, куда я иду» и «Я потерял свой внутренний компас». Эти 'я' могут в действительности иметь свой источник в короле червей, но вместо того, чтобы облегчить работу, они создают силу сопротивления, и поэтому вы должны сказать себе: «Я больше не хочу их».

Проблема заключается в том, чтобы иметь достаточно силы для такого 'я'. Необходимо взять все, чему вы учились, исследовали и проверили в течение десятилетий работы, и полностью посвятить себя этому. Как сказал Гурджиев: «Кутить, так кутить, включая почтовые расходы». Для меня, «включая почтовые расходы» означает найти эти маленькие уголки тихого незаметного сопротивления и удостоверится, что они также включены в работу.

Фактически можно сказать, что умереть – значит включить востребованные с нас сейчас «почтовые расходы», — ту небольшую часть себя, которая не давала возможности идти вперед, как если бы вы были только на 95% посвящены работе, или на 99%, и, следовательно, не способны были пройти весь путь и умереть. Врата очень узки, и вы должны занимать очень мало места, чтобы пройти через них. Если даже всего несколько деталей все еще свободно болтаются, они зацепятся в воротах и не дадут вам возможности пройти.

В этом смысле, умереть значит поместить все в момент – в этот момент. Вы не можете тратить годы, проходя через ворота. Есть здесь и сейчас, и либо вы присутствуете в этот момент, либо нет. Возможно, по этой причине Успенский говорил, что умереть нужно сразу и навсегда.

Однако мы привыкли работать медленно. Мы потратили годы, устраняя ненужные аспекты самих себя, годы, уменьшая отождествление, воображение и так далее. В конце концов, мы достигли места, где не так уж много осталось сделать, но по-прежнему остались очень глубокие отношения, от которых нам необходимо избавиться. Вы можете найти эти отношения, поискав, где кроется сопротивление. Например, в отношении вопроса о компасе. Знает ли автомобиль, куда он едет? Нет. Куда он едет, знает водитель. Может быть, проблема состоит в идее, что человеку нужен компас, и он должен иметь представление о том, куда он направляется? В этом месте испытание становится очень серьезным, потому что если я откажусь от идеи о том, что я знаю, куда я направляюсь и что я делаю, что останется у меня от иллюзии «себя»?

Студент: Я, вероятно, в первый раз понял причину, по которой нужно пробудиться, прежде чем умереть. До тех пор, пока мы глубоко и ясно не увидим иллюзию низшей сути, она психологически не может умереть в нас. Мое собственное чувство «себя» как индивидуальной личности так глубоко укоренилось, что потребуется очень много доверия и наблюдений, чтобы позволить себе умереть. Становится также гораздо более очевидно, что необходима помощь из источника, находящегося за пределами ложной личности.

Я не думаю, что мы можем создать для себя необходимые условия. Для того чтобы умереть, вам необходимо большое количество третьей силы, и одна из форм, которую она может принимать, — это давление. Вы сами не можете создать для самих себя такое давление, потому что это значило бы, что одна часть из вас создавала давление, и следовательно, не находилась бы под ним. Значит, давление должно прийти извне, и вот поэтому умирание в этом смысле не является самоубийством. Напротив, роль Влияния С, действуя через Школу, — создать условия, в которых мы должны выбрать между ужасом управляющего перед сном и страхом низшей сути перед лицом смерти. Таким образом, мы не убиваем себя; мы просто позволяем себе умереть тогда, когда обстоятельства требуют этого, или, если наш уровень бытия достаточно высок, мы можем приветствовать нашу смерть. Более того, Влияние С не убивает нас; они просто создают условия, в которых для нас становится возможным умереть.

Студент: *Я чувствовал, что моим компасом была, на самом деле, моя связь с высшими силами. Если я должен отказаться от этого, тогда мне нужно найти новый способ поддерживать связь с ними, но я не сразу понял, что им является именно это умирание.*

Другой способ думать о том, что именно должно умереть, — это иллюзия я. Если 'я' должно иметь связь с высшими силами, оно должно умереть. Ощущение, что есть я, и есть мир, и есть высшие силы, и есть низшие силы, больше не имеет смысла. Это одна из тех вещей, которые становятся слишком простыми для слов. Есть просто ощущение существования – присутствия, и если вы здесь, тогда появляется и связь. Влияние С всегда присутствует, так что если я присутствую, я там же, где они. О какой еще большей связи можно просить?

Это также можно описать в терминах метафоры о компасе. Когда вы присутствуете, некуда больше идти, и раз некуда больше идти, то нет необходимости в компасе. Присутствию не нужен компас или связь с Влиянием С, потому что все реальное уже совокупно есть в моменте. Именно та часть, что хочет связи с Влиянием С, не связана с ними в моменте. В моем случае это 'Джирард', и это именно та часть, к которой я должен умереть.

Студент: *С тридцатью рабочими 'я' и последовательностью, мы приходим к лучшему пониманию того, что такое воображение; но чтобы отказаться от него, мы должны понять его глубже и в другом контексте. Проблема в том, чтобы понять, от какого воображения нам нужно отказаться.*

Главное, от чего нам нужно отказаться — это воображаемая картина о себе. Это наша тюрьма: механическое, принадлежащее второму состоянию ощущение того, кто мы есть, которое удерживает нас в машине. Когда мы больше не отождествляемся с четырьмя низшими центрами, когда это ощущение себя умирает, оно заменяется очень открытым чувством. Это может стать психологическим описания опыта пребывания вне тела. Вы не столько находитесь вне собственного тела, скорее вы больше не воспринимаете свое тело, как часть самого себя. Конечно, в этот момент, вы не знаете, где вы находитесь, но та часть, которая спрашивает об этом, является именно той частью, от которой вы пытаетесь избавиться.

В конце концов, вы должны прийти к глубокому пониманию, что ни один из этих вопросов не имеет значения. Похоже, как будто бы Влияние С намеренно задает нам вопросы – используя изменение внешней формы учения, используя некоторую информацию о личной жизни Учителя, используя наших друзей, покидающих Школу — но у нас нет на них ответов, скорее, мы должны понять, что эти вопросы не имеют значения.

Например, во время встречи, когда Учитель указывает четырнадцать предметов на картине, и затем говорит, что четырнадцать подразумевает пятнадцать, мой форматорный ум производит оппозиционное 'я' каждый раз: «Ага, конечно, что угодно будет чем угодно, если Учитель захочет». С одной точки зрения, это правда, за исключением того, что он делает это по некоторой системе. Но низшая суть чувствует себя так, как если бы Учитель просто бросил бы мне что-нибудь в лицо. Испытание в этом случае заключается в том, чтобы не уделять внимания разным 'я' об этом: а не в том, чтобы распознавать, когда четырнадцать это четырнадцать, а когда четырнадцать — это пятнадцать и тому подобное. Проблема в том, чтобы понять, что это просто не имеет значения, и вопрос исходит из той части меня, от которой я пытаюсь сбежать.

Студент: *Нет правила, запрещающего нам умереть смеясь, и* *когда вы достигаете места, где ничто не имеет смысла, такое 'я' может быть полезным.*

Часто хороший способ отделиться от низшей сути и ее вопросов — это дать себе повеселиться над ими. Но мы должны быть осторожны, и не дать закрасться и тени осуждения, потому что это позволит низшей сути опять смешаться с нашим переживанием. Я пытаюсь поддерживать любящее, нежное чувство изумления, которое можно иметь по отношению к маленькому ребенку, но королю червей нужна практика, прежде чем он сможет использовать это чувство по отношению к части вас самих.

И разве есть лучшее время практиковать это, как не данный момент? Что ваша низшая суть делает прямо сейчас? С какой-то точки зрения – разве это уже не забавно?

Студент: *Та часть нас, которая удаляет буфера, не может взять ответственность за то, что делать с тем, что открывается за буферами. Машина думает, что разум, необходимый для удаления буферов – это тот же самый разум, который учит вас как ходить, но когда вы глубоко поймете, что то, что позволило вам найти ключ от тюрьмы — это не то, что научит вас из нее выйти, что для этого вам необходимо найти другой разум, тогда вещи встанут на свои места.*

На шкале личной эволюции, найти ключи было работой «старого человека» (который может быть молодым управляющим), который изучил машину и узнал, как минимизировать неправильную работу и поддерживать правильную работу. Но сейчас он должен дать дорогу «новому человеку», чья основная забота просто присутствие. Точно также, тридцать рабочих 'я' должны дать дорогу последовательности, и последовательность должна умереть ради четырех бессловесных дыханий. И хотя я буквально не могу вообразить себе, до каких пределов это может дойти, я не верю, что процесс на этом останавливается.

Студент: Руми сказал: «Есть два вида разума. Один приобретается извне, и с этим разумом вы вырастаете в мире, и затем встаёте по уровню впереди или позади других, в зависимости от вашего понимания приобретённой информации. Другой не проникает снаружи внутрь. Наоборот, этот второй разум фонтанирует внутри вас, изливаясь наружу».

Одно из удивительных свойств Руми — его способность говорить об одной и той же вещи — присутствии — тысячами различных способов. Отчасти, я вижу, это то, что так радует в настоящее время Учителя: после стольких лет разговоров о работе в контексте Системы, он теперь нашел новые пути делиться своим пониманием, черпая его из гораздо более широкого спектра источников. Конечно, он сказал, что не ищет новые ответы или новые послания; его приводит в восторг то, что он нашел так много новых способов выражения того же самого послания.

Я также вижу, что Учитель чувствует себя гораздо более комфортно с изображениями, чем со словами, и что сейчас от встреч он получает гораздо большее удовольствие. С другой стороны, до недавнего времени большинство студентов выглядело так, как если бы они с трудом старались понять что-то очень трудное, и совсем не получали удовольствия от процесса. Возможно, что одна из причин, по которой у нас возникают трудности с пониманием — это то, что мы не получаем достаточно удовольствия. Мы относимся к этому серьёзно, но это неправильно, это мешает изображениям и точкам зрения и простому опыту присутствия проникать в короля червей и высшие центры. Та часть, которая пытается понять, должна умереть, и дать место радости присутствия.

Это еще один способ, которым Учитель и Влияние С бросает нам вызов. Та часть в нас, которая натренирована 'понимать', делает это неправильно. Следовательно, она никогда не поймет и всегда будет в замешательстве; она всегда будет смотреть на изображения с определенным скептицизмом, и будет стараться подметить, был ли Роберт точен, и действительно ли здесь десять линий, и так далее.

Такое воспитание — очень глубокая часть современного женского доминирования. Как вы собираетесь понять что-то? Когда Учитель обращается к нам, какой подход мы должны использовать? Да, мы должны пытаться понять его. Вы даже можете начать с того, чтобы пытаться увидеть то, что он видит на очевидном уровне, но это приближает к пониманию смысла изображения не больше, чем грамматический анализ к пониманию смысла сонетов Шекспира. Мы должны научиться читать сонеты другой частью себя, и каждый раз, когда мы идем навстречу, мы встречаемся лицом к лицу с похожим вызовом. Можем ли мы убрать старую часть с дороги и пережить происходящее по-другому? Или иными словами, как вы можете сделать усилие понять — усилие, которое должны сделать все четыре низших центра, — если в то же самое время вы осознаете, что понимание, собственно, не является конечной целью, и следовательно, совсем не нужно заботиться о понимании?

Честно говоря, я не думаю, что «Джирард» когда-либо это поймет — и я не думаю, что это имеет значение. Вы не можете ответить на эти вопросы; вам просто нужно отделиться от них, и затем использовать их, как силу сопротивления, которую необходимо преодолевать, чтобы поднять себя в более высокое состояние. Некоторым образом, именно иллюзия того, что нам нужно иметь дело с низшей сутью, делает ее реальной. Вам не нужно иметь с ней дело, вам нужно только отделится, вам нужно только *Быть* (*Be*).

Студент: *Эта мысль, кажется, связана с опытом умирания и рождения заново после пробуждения: «Позволь высшему в тебе делать всю работу. Тебе нужно только дать свое согласие».*

Одна из вещей, которые должны умереть, это наше отождествление с языком. Старый человек принимает слова за точное отражение реальности, но в действительности, они являются только функцией машины, и как таковые, отражают только второе состояние. Я думал об этом в связи с точкой зрения, что «Тебе нужно только дать свое согласие». Хорошо, кто или что такое 'ты' в этой фразе? Но нет никакого другого способа сказать это. Может быть, это еще одна причина, по которой Учитель перешел к изображениям. Они могут иллюстрировать идеи без использования слов. И слова, неважно насколько тщательно мы стараемся использовать их, немедленно создают ощущение отдельной самости – я и мир; *я* даю свое согласие; *я* делаю последовательность; *я* переживаю четыре бессловесных дыхания; и так далее. Это усиливает нашу воображаемую картину о себе.

Студент: *Имеется много различных путей описать одну и ту же вещь, но у меня есть память об опыте – не о словах, но об опыте, который я могу описать только как «без-самостность».*

Да, с одной точки зрения, то, что я скорее пытаюсь достичь состояния присутствия «без-Джирардности», чем просто бессловесного присутствия. Но несколько неуклюже говорить об этом таким образом – особенно, когда в Школе есть несколько тысяч студентов со всей земли с разными именами, но то, что я имею ввиду, — это простое присутствие без вашей самости, и вероятно слово «бессловесное» - это такой же хороший способ выразить его, как и любое другое. Однако если на минуточку задуматься над этим, то окажется, что несколько нелепо использовать слова, чтобы говорить о бессловесном присутствии.

До сих пор мы большей частью говорили о вопросах пробуждения и умирания, но есть также вопрос о том, что значит рождение заново. Успенский сказал интересную вещь:

Если человек умрет, не пробудившись, он не сможет родиться. Если человек родился, не умерев, он может стать бессмертной вещью. Он воспрепятствует своему бытию. Его бытие навсегда ограничено.

Вы пробуждаетесь к самому себе; затем самость умирает; и затем что-то другое может *Быть* (*Be*). Если человек умирает до того, как достаточно пробудился, разграничение между частью, которая должна умереть, и частью, которая может родиться, будет недостаточно четким, и тогда часть, которая может родиться, будет повреждена или разрушена в процессе умирания другой части. Родиться не умерев скорее всего означает, что низшая суть по-прежнему смешана с тем, что родилось. Это значило бы, что воображение не отступает и новый человек все еще ему подвержен. Поэтому бытие такого человека было бы воистину ограничено.

Но бытие не значит 'быть чем-то'. Вот почему существует рабочее 'я' — «будь» (Be), а не «присутствуй» («be present»), как бы говорила об этом машина. Машина не может понять, что такое «Быть» (Be). Оно должно быть чем-то: быть присутствующим, быть сознательным, быть в высоком состоянии – все, что угодно, кроме того чтобы просто быть. Конечно, четыре низших центра могут распознать состояние *бытия*, но они ничего не могут поделать с голым словом «Будь» (Be). Что оно значит? Вы видите, когда я задал этот вопрос, интеллектуальный центр начал производить 'я': это значит быть тем, быть этим, не отождествляться, и так далее — но о простом «Будь» (Be) машине нечего сказать.

Мы видим тоже самое и с четырьмя бессловесными дыханиями. Как я понимаю, первые пять рабочих 'я' — это подготовка. Рабочее 'я' номер шесть – это «БУДЬ» (BE), которое останавливает мысли – просто «БУДЬ» (BE), и затем вы удерживаете это состояние. Тем не менее, я думаю, что со временем мы сможем удерживать это состояние и иметь 'я' в интеллектуальном и эмоциональном центрах одновременно, хотя, возможно, пройдет несколько лет, прежде чем мы научимся этому как следует. И даже сейчас наш инстинктивный центр продолжает функционировать во время четырех бессловесных дыханий – мы видим, мы слышим, мы дышим, наше сердце бьется и так далее. Во многом, это та же деятельность, которая происходит в нас и в первом состоянии, и которая продолжается во втором состоянии, хотя второе состояние, будучи состоянием воображения, не осознает ее. Мой опыт заключается в том, что третье состояние *добавляется* ко второму, также, как второе состояние добавляется к первому, с критической разницей в том, что поскольку третье состояние – это состояние присутствия, мы осознаем функции второго состояния, одновременно осознавая свое присутствие. Таким образом, мы можем присутствовать к 'я' в четырех низших центрах и позволять полезным из них выражать себя, не прерывая состояния присутствия. В конце концов, сознательные существа используют четыре низших центра очень активно, и для этого им не нужно возвращаться в сон.

Студент: *В одной из своих поэм Руми сказал: «Я бы очень хотел поцеловать тебя. Плата за поцелуй – жизнь». Его ответом было: «Что за сделка! Я покупаю!» Я был шокирован идеей о том, что он мог бежать навстречу собственному уничтожению. Я начинаю видеть, что то, что мы испытываем – это нерешительность или нежелание умереть для того, чтобы освободить пространство для присутствия, и я думаю, что в замешательство нас приводит наша нерешительность. Почему мы не решаемся бежать навстречу нашим собственным высшим центрам?*

Здесь может быть еще одна уловка низшей сути, потому что кто, кроме низшей сути, находится в нерешительности и замешательстве? Конечно, низшая суть не решается бежать к уничтожению, но если я не низшая суть, я уже не сомневаюсь. То есть, я могу умереть по отношению к замешательству и нерешительности, даже если они продолжают свою воображаемую жизнь без меня. Перестаньте думать об этом и просто «Будьте» (Be).

Студент: *В Добротолюбии есть такая идея: «Вы должны быть в молчании и слушать бессловесный голос внутри вас».*

Теперь вы видите, что последовательность и тот тип умирания, о котором мы говорили, это в точности одно и то же явление, но на разных шкалах. На шкале тридцати секунд последовательность должна прекратиться и дать место бессловесному присутствию. На шкале тридцати лет, личность, и правильная, и ложная, со всеми ее мнениями и отношениями, включая те из них, которые относятся к тому, кто вы есть, как устроен мир и что такое работа – должны умереть и дать место существованию, основанному на присутствии. Но в обоих случаях, «слова», то есть 'я' в каждом из четырех низших центров, со временем вернутся. Возможно, единственная разница между последовательностью и большой шкалой вашей работы заключается в том, что в случае с последовательностью, 'я' и состояние следуют друг за другом, в то время как на большой шкале нам необходимо учиться позволять 'я' и состоянию существовать одновременно; то есть нам необходимо учиться разделять внимание между функциями машины и состоянием присутствия. Преимуществом последовательности является то, что механические реакции необходимо каждый раз контролировать только в течение тридцати секунд. Преимуществом завершения процесса умирания и перехода к состоянию присутствия, включающего присутствие к деятельности машины на большей шкале, является то, что вам не нужно искать конкретные условия последовательности, чтобы испытать это состояние. Но наше самое большое преимущество в том, что при работе одновременно на двух шкалах, обе растут гораздо быстрее. Во время смерти, они объединятся, и 'сейчас' станет 'навсегда'. И это все начинается с «Будь» (Be).

Между воскресением и вознесением

(Основано на встрече, состоявшейся в Аполло 5-го мая 2010 года)

Работа происходит между двумя мирами: низшим миром, из которого человек старается уйти, и высшим миром, куда человек стремится. Постепенно чувство того, кем человек является, уходит из низшего мира, но до того, как оно может полностью перейти в высший мир, проходит долгий период времени, в течение которого человек воспринимает себя с точки зрения промежуточного мира. Когда человек начинает работать, низший мир — это мир ложной личности, а высший мир — это мир сущности. Первоначальное отделение, а затем переход от одного к другому завершается созданием чего-то, что лежит между ложной личностью и сущностью, а именно истинной личностью. Позже истинная личность кристаллизуется в управляющего, и управляющий входит в сущность, в особенности в девятку червей. Низший мир затем рассматривается как низшая суть, а высший мир как присутствие. Сочетание управляющего и девятки червей образует промежуточный мир. Управляющий должен разделять внимание между всеми тремя мирами, учась посредством этого быть частью всех трёх одновременно.

Согласно моему пониманию, это описание развитого человека номер четыре. Тем не менее, чувство себя продолжает подниматься вверх и постепенно человек начинает ощущать себя не как управляющий, борющийся за пробуждение, но как третий глаз, старающийся поддерживать присутствие и не уступающий тяге вниз в мир многих 'я', пусть даже 'я' управляющего. Как я понимаю это сейчас, это мир человека номер пять. Он переживает сам себя как присутствие, но его присутствие ещё не такое сильное и целостное. Оно длится дольше, чем вспышки присутствия, переживаемые человеком номер четыре, но оно ещё не настолько продолжительно, как почти постоянное присутствие человека номер шесть. Таким образом, человек номер пять тоже ощущает себя как существо в промежуточном мире между продлённым присутствием и низшей сутью, но он смотрит на это сверху, то есть, скорее с точки зрения присутствия, чем с точки зрения четырёх низших центров. Присутствие остаётся тем же, и за исключением того факта, что управляющий и девятка червей видятся теперь как часть низшего мира, низшая суть так же остаётся неизменной. Изменилось только отношение.

В этом эссе мы исследуем те формы, которое может принимать это изменение, а чтобы сделать это, мы введем некоторые определения. Четыре низших центра, личность, машина, второе состояние, низшая суть — всё это относится к аспектам низшего мира; управляющий, девятка червей, сущность, человек номер четыре и третье состояние относится к промежуточному миру, рассматриваемому снизу; присутствие будет относиться к высшему миру; а человек номер пять и третий глаз будут относиться к промежуточному миру, если смотреть на него сверху. Хорошее описание последнего дано в евангельском пересказе действий Иисуса между его Воскресением и его Вознесением.

Евангелие от Иоанна 20:17: *Иисус говорит ей (Марии Магдалине): не прикасайся ко Мне, ибо Я еще не взошел к Отцу Моему; а иди к братьям Моим и скажи им: восхожу к Отцу Моему и Отцу вашему, и к Богу Моему и Богу вашему.*

Когда присутствие начинает появляться, оно неустойчиво и хрупко. С точки зрения управляющего, оно как пламя свечи, которое нужно заслонять от ветра низшей сути, но с точки зрения самого присутствия, скорее необходимо поддерживать его независимость от четырёх низших центров, потому что любое отождествление, даже девятки червей, будет достаточным, чтобы его потушить. Поэтому сразу после своего воскресения Христос, как только что превзошедший себя управляющий, говорит Марии (девятке червей) «Не прикасайся ко мне». Что может быть так же переведено, как «не держи меня» или «не хватай меня». Присутствию необходимо расти и развиваться — чтобы вознестись к Отцу — но механическая реакция четырёх низших центров приписывает все себе — «Я присутствую!» — и этим снижает присутствие до своего уровня.

Евангелие от Иоанна 20:26-29: *После восьми дней опять были в доме ученики Его, и Фома с ними. Пришел Иисус, когда двери были заперты, стал посреди них и сказал: мир вам! Потом говорит Фоме: подай перст твой сюда и посмотри руки Мои; подай руку твою и вложи в ребра Мои; и не будь неверующим, но верующим. Фома сказал Ему в ответ: Господь мой и Бог мой! Иисус говорит ему: ты поверил, потому что увидел Меня; блаженны не видевшие и уверовавшие.*

Восемь дней представляют собой вдохи и выдохи четырёх бессловесных дыханий, так что к этому моменту присутствие приобрело определённую устойчивость. Всё ещё необходимо, чтобы двери были закрыты — девятка червей завершила последовательность и успешно отделилась от многих 'я', — но сейчас присутствию уже больше не угрожает первоначальное возбуждение эмоциональных частей, в конце концов, девятка червей — это эмоциональная часть короля! Теперь присутствие может позволить рабочим 'я' подойти ближе и прикоснуться к себе. В конечном счёте, приходит время, когда присутствие становится достаточно постоянным, так что 'я' не могут ему помешать, даже касаясь его своими руками.

Чтобы увидеть это снизу, с точки зрения управляющего, мы должны спросить, что представляет собой Фома Неверующий. В моём случае, я у меня есть 'я', сомневающиеся в том, что то, что я испытываю, является «настоящим присутствием». Присутствие знает себя непосредственно, но управляющий переживает присутствие только через его воздействие на четыре низших центра, в частности, короля червей. Также, если присутствие ощущает причину и следствие, как два аспекта одной и той же вещи, то управляющий, являясь функцией четырёх низших центров, остаётся под властью этого закона, и потому нуждается в подтверждении того, что страдание, которое переживалось на его уровне, прямо связано с наградой присутствием.

И наконец, хотя Фома и имеет теперь прямой и подтверждённый проверкой опыт божественного присутствия, другие 'я', даже большинство рабочих 'я', этого опыта не имеют. Поэтому управляющий должен иметь веру. Родни Коллин определял веру как отсутствие сомнений в истине, которую ты однажды проверил. Сомнение и вера находятся на уровне управляющего, но присутствие не нуждается в вере, потому что оно не имеет сомнений, оно просто есть. Как сказал Успенский: человек видит мир таким, каков он есть. И что тогда проверять? Всё очевидно. Но для управляющего вера необходима.

Льюис Кэрролл: *В следующее мгновение Алиса прошла сквозь зеркало и спрыгнула в зазеркалье... Она тут же заметила, что то, что видно в комнате, осталось обыкновенным и скучным, но всё остальное совершенно изменилось.*

Одно из классических описаний разницы между состоянием управляющего и состоянием присутствия состоит в том, что ничего не изменилось, и одновременно, все изменилось. Не то чтобы вещи, когда человек присутствует, меняются, скорее меняется его *восприятие* этих вещей. На самом деле человек делает много таких одинаковых вещей. Например, если управляющий замечает воображение, он использует последовательность чтобы выйти из него. Если человек присутствует и не хочет заснуть, один из лучших способов — заставить управляющего сделать последовательность. Действия одни и те же, но выполнены с разных точек зрения — с разной третьей силой — и производят разные результаты. Мир остается всё тем же, все меняет то, что человек воспринимает вещи этого мира совсем по-другому.

Образ прохождения сквозь зеркало — это очень хороший способ думать об этом. В зеркале все остается как было, за исключением одного — всё перевернуто. С одной точки зрения ничего не изменилось и всё же каким-то образом всё по-другому. Это истинно и для управляющего, и для присутствия. Они смотрят на один и тот же мир, но видят его с разных сторон зеркала.

Учитель: *Последовательность напоминает третьему глазу, чтобы он уделил внимание самому себе. Когда третий глаз обнаруживает, что был в воображении, он уходит от низшей сути и начинает последовательность из присутствия.*

Хотя в этом эссе мы в основном используем термин «третий глаз» для того, чтобы передать опыт видения промежуточного мира сверху, о третьем глазе так же можно думать как о способности осознавать. С этой точки зрения второе состояние относится к осознанию или третьему глазу, не сфокусированному и не осведомленному о себе самом, и соответственно ушедшим в воображение и отождествление. В третьем состоянии третий глаз сфокусирован в управляющем и осведомлен о своей позиции в промежуточном мире между функциями четырёх низших центров и сознательным присутствием. Человек объективен относительно самого себя, но он всё ещё смотрит на мир с точки зрения управляющего. В четвёртом состоянии, которое и есть истинное присутствие, третий глаз раскрывается шире, чтобы объять и охватить всё, и человек поэтому становится объективен по отношению к окружающему миру.

Если немного развить эту точку зрения, работу можно рассматривать как место расположения третьего глаза. Задача управляющего — переместить третий глаз или чувство себя на уровень присутствия; тогда как, если смотреть сверху, работа состоит в том, чтобы освободить третий глаз от проявлений четырёх низших центров, включая действия управляющего, и держать его отделённым от них.

Бернард Клервосский: *Мы не можем постичь простоту Бога.*

С самого зарождения учение Содружества развивалось в направлении все большей простоты. Уже в самом начале Учитель больше поддерживал самые практические аспекты работы, а не теоретические, и к середине первого десятилетия двадцать первого века он свёл всю систему к тридцати рабочим 'я'. Затем тридцать упростились до шести 'я' последовательности и до трёх «Ве». Но эти три — это всё «Ве», так что на самом деле они — одно. То, к чему они привели, есть ничто, абсолютная простота или пустота божественного присутствия. Тем не менее, Учитель не пошел так далеко, поскольку если бы это случилось, учение стало бы недоступным для четырёх низших центров, а ведь мы, его студенты, ещё далеки от того, чтобы быть свободными от них. Так что он удержал себя на трёх, трёх «Ве», или, подобно Буддистам, на трёх формах: квадрате, треугольнике и круге, которые в трёх измерениях проявляются, как куб, пирамида и сфера.

Это отражает тот факт, что с точки зрения присутствия вещи очень просты. И действительно, когда я был на встречах, где не было Учителя, включая те, которые я вёл сам, у меня часто бывало чувство, что что-то в основе своей очень простое, делается значительно более сложным, чем оно есть на самом деле. В то же время, я осознал, что с точки зрения управляющего это действительно до некоторой степени сложно: там борьба, там низшая суть, последовательность, высшие центры и так далее. Поскольку низшие центры не могут работать без слов или, по крайней мере, без изображений и метафор, правильная работа управляющего состоит в том, чтобы видеть так, как он видит, но если взглянуть на это сверху, всё выглядит очень простым. Вся последовательность говорит в действительности одну и ту же вещь со слегка различных точек зрения, а сражение с низшей сутью скорее похоже на простое усилие восхождения по ступеням, то есть подъема, простого отталкивания и отделения от низшей сути. Ситуация та же, и от управляющего требуются те же усилия, но человек может пережить ее с другой точки зрения, со стороны присутствия, а не машины. Для низшей сути это может показаться неважным, но на самом деле это представляет собой очень большое изменение.

Гампопа: *Когда человек медитирует, он не медитирует на чём бы то ни было. Называть это медитацией есть просто словесная привычка.*

С точки зрения присутствия, все слова, символы и образы недостаточны, чтобы описать состояние. Не потому что они бессмысленны, но некоторым образом неуместны, не относятся к делу, в том смысле, что их не к чему привязать. Как бы ты ни назвал состояние, оно этим не является.

Это сбивает с толку и сложно для низших центров, но это описывает высшее состояние, в котором все действия четырёх низших центров кажутся некоторым образом далёкими. Не то чтобы они больше не существовали или не имели смысла, просто человек ощущает себя очень далеким от них, и они значат для него очень мало. Поэтому обнаружить, переживает ли человек жизнь с точки зрения управляющего или с точки зрения присутствия, можно только по степени того, насколько кажется для него важной деятельность жизни.

Бхагавад Гита: *Позади проявленного и не проявленного, есть другое существование, вечное и неизменное.*

Для логического ума «проявленное» и «непроявленное» охватывают всё. И всё же цитата говорит о другом существовании, о том, что вечно и неизменно. Это один из способов описания состояния присутствия, но также правда и то, что оно может быть названо вечным и постоянно изменяющимся или находящимся в моменте и вечно неизменным. Слова просто не работают, и наверное поэтому Учитель всё больше и больше полагается на образы. Но в конце концов, образы, как и слова, всего лишь символы, они имеют те же ограничения, что и слова. Лично я не думаю, что присутствие лучше передается квадратом, чем словами о том, что оно вечное и неизменное. Но даже для тех студентов, чей управляющий действительно находит квадрат лучшим описанием присутствия, он всё же не есть то, чем является присутствие. С одной стороны зеркала — со стороны присутствия — это всё имеет смысл, но с другой стороны зеркала — где находится управляющий — это как-то сбивает с толку.

Миларепа: *Слова и высказывания тоже только иллюзия. Спокойно* *я умиротворяю свой ум, в не требующем усилий состоянии.*

Есть особая мистическая улыбка, которую можно увидеть в разных местах, у статуй древнего Египта и Индии, у древнегреческих куросов, на статуях готических соборов, у Моны Лизы. Я думаю, что это изображение состояния присутствия. На уровне управляющего человек должен делать усилия, но затем приходит состояние, к которому идею усилия невозможно применить. Так выглядит присутствие, и оно пробуждает лёгкую улыбку. Но поскольку оба — и управляющий, и третий глаз всё ещё находятся между двух миров, девятка червей должна делать усилие, чтобы поддержать состояние присутствия. До тех пор, пока управляющий не разовьёт достаточную силу воли, чтобы поддерживать эту связь, человек будет чувствовать, что присутствие есть, а затем его нет, а затем оно снова есть, в зависимости от способности человека совершать усилия. Тем не менее, как выражался Гёте: «Солнце садится только для наших смертных глаз». Присутствие всегда здесь, и с этой точки зрения, именно мы теряем его из виду.

Шекспир (Сонет 33)

Множество раз видел я, как великолепное утреннее светило [утро] ласкает вершины гор царственным взглядом [глазом], касаясь золотым ликом зеленых лугов, золотя бледные ручьи с помощью небесной алхимии, но вскоре позволяет нижайшим тучам бежать уродливой массой по своему божественному лицу и, пряча от покинутого мира свой облик, крадется незаметно на запад, обезображенное [с позором].

Так и мое солнце однажды ранним утром озарило мой лоб всем своим великолепием, но, увы, моим оно было только один час — скоро его от меня скрыла туча.

И все же моя любовь на него за это нисколько не гневается: земным солнцам позволено иметь пятна, когда в пятнах солнце небесное.

Этот сонет прекрасно описывает то, как я (управляющий) переживаю присутствие большую часть времени. Есть солнце — присутствие — но день пасмурный. Иногда свет присутствия тускнеет, как если бы приближалась гроза, и нужно включить свет, если хочешь почитать книгу. Свет есть, но он слабый. Тени тоже есть, но они не чёткие. Затем наступает момент, когда солнце выходит. Теперь это ясный день, вероятно, весенний день после нескольких дождливых дней. Ты чувствуешь тепло солнца на своей спине. Это чудесно, но вот приходит ещё одна туча. Управляющий может понять, что присутствие всегда здесь, но тем не менее, он переживает его потерю. А с точки зрения присутствия — это всего лишь вопрос исчезновения и возвращения управляющего.

Лука 24:27: И, начав от Моисея, из всех пророков изъяснял им сказанное о Нём во всём Писании.

Это относится к разговору, который состоялся между Христом и двумя его учениками по дороге в Эммаус, хотя они не смогли его узнать в это время. Я все больше начинаю осознавать, что у меня бывает понимание, приходящее из высших центров, но я не способен его распознать. Вместо этого, я только осознаю воздействие этого понимания на моего короля червей. То есть высшее понимание воздействует как стимул на короля червей, побуждая его отразить высшее понимание так, как понимает это он. И я осознаю именно это отражение. В этом смысле, король червей есть «рупор Господень». Его способность реагировать на высшее понимание позволяет этому пониманию дойти до королей других центров (в особенности до короля бубён) и посредством этого до многих 'я', откуда это понимание может проявиться в мире, как внутреннем, так и внешнем.

Моё ограничение состоит в том, что если управляющий и король червей не найдут пути выразить или зафиксировать это высшее понимание, оно пройдёт незамеченным. Но даже когда король червей и король бубён реагируют на него, я, в основном, осознаю эти реакции, а не сам высший стимул. На самом деле, лучшее для меня свидетельство того, что моменты высшего понимания имели место, это то, что у меня остается идея об этом понимании, но не само понимание. Всё, что я имею — это некоторая точка зрения, некоторый способ рассказать о понимании, или некоторый способ наглядно показать его, но это не то же самое, что иметь понимание. Так как было и с учениками. Иисус был с ними, но они только видели человека, который мог показать им удивительные вещи.

В Содружестве у нас есть пример внешнего смысла этой цитаты, потому что мы знаем человека — это наш Учитель, — который объясняет нам писания. И поскольку он достиг того, о чём говорит, он объясняет писания, имея в виду себя. В действительности он делает точно то, что сказано здесь об Иисусе. Присутствие понимает само себя, и поскольку понимание, согласно Успенскому, всегда понимание части в отношении к целому, реальность присутствия может пробудить в низших центрах понимание или образы присутствия, соответствующие уровню этих центров. Но это больше опыт вознёсшегося присутствия человека номер шесть. Опыт человека номер пять — скорее вспышка понимания, запускающая цепочку реакций в низших центрах, в то время как управляющий чувствует, что его коснулось чудесное.

Учитель: *Настоящие эмоции трудно вынести. Тем не менее человек номер пять должен выдерживать интенсивные состояния для того, чтобы в нём развились высшие центры.*

Ощущения, приходящие из высшего эмоционального центра производят интенсивные реакции в четырёх низших центрах. Это особенно видно в даме червей. Интенсивные эмоции на её уровне буферируют восприятия высшего, заваливая их кучей механических реакций. Но одном уровне, управляющий пытается уменьшать и контролировать эти эмоциональные реакции, но если глядеть с другой стороны зеркала, — то есть с точки зрения присутствия, — человек просто соглашается с тем, что они возникают и отделяется от них. Другими словами, человек их терпит. Присутствие осознаёт их и ждёт, пока они ослабеют и пройдут. Если не подпитывать эти эмоции отождествлением, они довольно быстро проходят.

Родни Коллин: Мы должны позволить божественному сумасшествию завладеть нами сейчас, до второго пришествия!

Низшая суть заряжена негативно. Она реагирует почти на любое предложение, видя трудности, потенциальные проблемы, находя причины ничего не делать, в особенности, когда предложения исходят от кого-то другого и не соответствуют привычным образцам. Присутствие в противоположность этому несёт позитивный заряд. Соответственно, человек в состоянии присутствия ощущает поистине безграничные возможности, некоторые из которых кажутся низшей сути сумасшествием. Управляющий учится отвечать на эти ощущения возможностей, спрашивая «почему бы нет?» вместо «зачем?»

Аль Даккак: Удовлетворённость не означает, что ты не чувствуешь трудностей. Удовлетворённость значит, что ты не противостоишь Божьему решению и суду.

Когда задача управляющего рассматривается с точки зрения четырёх низших центров, она выглядит как великое сражение, и управляющий не может быть удовлетворён, пока не одержит победу в этом сражении. На шкале последовательности это означает достижение долгого 'ВЕ' и четырёх бессловесных дыханий. Тем не менее, третий глаз существует в присутствии Влияния С. Поэтому он воспринимает что бы ни случилось, как проявление значительно более высокого разума, полностью исключащего идею несогласия и оппозиционных 'я'. Сражение не в том, чтобы *делать* что-то, даже завершать последовательность, сражение в том, чтобы просто *быть*.

Это взгляд с другой стороны зеркала, но мы можем продлить аналогию и, следуя примеру Алисы, и на самом деле войти в мир зазеркалья, ибо за пределами принятия «Божьего решения и суда» находится состояние полного единства с ним. Эпиктет говорил о том, что его воля не может быть побеждена, потому что его воля — исполнение воли высших сил. Это так же относится к идее потери себя в Боге. Вещи, принадлежащие мне, моему Я, т.е «Джирарду», незначительны по отношению к высшим силам. Даже вещи, ради которых трудится управляющий, становятся отдалёнными и до странности не относящимися

к делу, когда человек переживает истинное присутствие. Чувство «себя» растворяется, то есть теряется в присутствии, теряется в Боге. Суммируя вышесказанное: когда смотришь снизу, с уровня управляющего, всё ещё существует «Я» — я, управляющий, пытаюсь привлечь присутствие. Но если смотришь сверху, «Я» перестаёт быть важным перед лицом более грандиозного осознания. Как описать это? Просто сказав, что ты весьма удовлетворён тем, что вещи таковы, каковы они есть, и ты можешь быть таким, каков ты есть, потому что тут ты все равно ничего не можешь изменить. Но понять это способна только высшая наша часть.

Филокалия, Исаак Сирин: *Суть Бога проста, невидима, и в сущности ни в чём не нуждается.*

Управляющий ощущает самого себя ограниченным и нуждающимся в чём-то — в присутствии. Он желает присутствия и работает ради присутствия. Но присутствие самодостаточно. Оно ни в чем не нуждается. Оно удовлетворено. И всё же управляющий должен его поддерживать. Это одна из тех вещей, которые столь просты, что становятся интеллектуально очень сложными. С одной точки зрения присутствие нуждается в поддержке управляющего и девятки червей, чтобы продолжаться; с другой точки зрения, ему ничего не нужно.

Это другое описание того, что я называю человек номер пять, у которого есть присутствие, но оно ещё не кристаллизовано. В некотором отношении это подобно ситуации новорожденного. С одной точки зрения, младенец очень даже является человеком, но в то же время он ещё не может выжить сам по себе. Он находится в промежуточном состоянии, в котором он нуждается в том, чтобы его кормили и заботились о нём, хотя сам по себе он завершён.

Учитель: *Для человека номер четыре и пять Высшие центры подобны тусклому свету вдали. Человек номер шесть более смирен и кроток, чем человек номер четыре или пять.*

В этой цитате, Учитель, как кажется, описывает промежуточную и неопределённую позицию человека номер четыре и пять, позицию для них общую, несмотря на разницу отношения к ней. Но что еще интереснее — для более устойчивого присутствия человека номер шесть предполагается возрастание смирения. С одной точки зрения, это относится к чувству «Я». Управляющий всё ещё имеет ощущение «Я». Он думает о себе как о делающем, совершающим усилие по завершению последовательности. Однако, с точки зрения присутствия, всё это ощущается далёким и неуместным. Присутствие не ощущает себя как «Я». Вот почему оно просто, а сознательные существа скромны. Что не просто в нас, так это «Я». Когда «Я» не принимает вещи на свой счет, человек скромен и прост.

Райнер Мария Рильке: *Странно оставить позади даже своё собственное имя, забыв о нём так же легко, как ребёнок бросает сломанную игрушку.*

Присутствие смотрит на чувство себя, принадлежащее низшим центрам, так же как ребёнок смотрит на сломанную игрушку. Ребёнок может на мгновение ощутить чувство потери, но за тем он просто переходит к чему-то ещё. И снова, это часть ощущений человека номер пять, что действия машины как-то отдалены от меня — что они не *мое* «Я». Даже управляющий всё ещё чувствует, что он реален, он всё ещё имеет чувство «Я» в своих действиях. Затем наступает время, когда есть что-то еще, а «Я» больше не актуально.

Феофан Отшельник: *Возможно говорить и всё же оставаться с Богом. Постарайся приучить себя к этому.*

Эта цитата показывает, что становится возможно, когда присутствие сильно настолько, что оно в состоянии поддерживать себя независимо от управляющего. Оно продолжается и остается вне слов, а четыре низших центра продолжают жить своей жизнью. Очевидно, что сознательные существа, такие как наш Учитель, имеют 'я' и продолжают действовать согласно некоторым из них, не теряя присутствия. Но в промежуточном состоянии человека номер четыре и пять, трудно держать в разделённом состоянии низшую суть и присутствие, когда машина начинает проявлять себя более открыто. Это разделение должно стать глубже, что требует практики. Так что постарайтесь приучить себя к этому.

Гермес Трисмегист: *Те, кто читают написанное мною, будут думать о моих записях как о простых и написанных ясно. Но те, кто с самого начала придерживаются противоположных принципов, скажут, что стиль не ясен и скрывает смысл.*

Оппозиционное мышление и противопоставления есть проявления низшей сути, и одна из вещей, которым должен научиться управляющий — это примирять противоречия и противоположности. С точки зрения присутствия, тем не менее, не существует противоположностей. То, что кажется противоречием, есть та же вещь, просто рассматриваемая с другого угла зрения, подобно двум сторонам монеты, которые выглядят по-разному, но на самом деле являются частями одного и того же и, в действительности, не могут существовать независимо. Первый шаг для управляющего — научится не верить противоречиям или оппозиционным 'я', а вместо этого постараться увидеть, как их можно примирить. Со временем это позволит управляющему полностью отбросить идею противоречия, что в свою очередь даст ему возможность получать понимание, исходящее из высших центров: то, что выглядит как противоположности и противоречия, является одним и тем же.

Лао-Цзы: *Двигайся вместе с миром, но не покидай своей территории.*

Техника, которую я нахожу достаточно успешной, в особенности во время управления автомобилем — это уловка ума, которая заменяет ощущение движения сквозь мир на ощущение неподвижности автомобиля, в то время как мир движется мимо. Это переживание кажется значительно ближе к переживанию покоя в присутствии, к чувству, что присутствие вечно, а мир проходит сквозь него.

Руми: *Кажется, что мы сидим неподвижно, но мы на самом деле движемся, воображение явлений скользит сквозь нас, как идеи сквозь завесы.*

Эта цитата описывает тот же опыт, что и предыдущая, но теперь вместо того, чтобы ощущать себя неподвижным, пока мир движется вокруг, мир феноменов (включая феномен мысли и эмоции) видится скользящим сквозь меня, пока я двигаюсь рядом. Согласно моему опыту, первое в большей степени есть опыт управляющего, тогда как последнее скорее взгляд с другой стороны зеркала. Но оба описания помогают провести различие между промежуточным состоянием человека номер четыре и пять и вторым состоянием сознания. Вдобавок они полезны в различении двух видов промежуточного состояния между собой. В действительности неважно, какое описание, какой стороне зеркала соответствует. Оба передают ощущение движения, но поскольку движение может возникнуть только во времени, а время в состоянии присутствия — иллюзия, и движение, и время одинаково иллюзорны.

Евангелие от Луки 24:28-31: *И приблизились они к тому селению, в которое шли; и Он делал вид, что хочет идти далее. Но они удерживали Его, говоря: останься с нами, потому что день уже склонился к вечеру. И Он вошел и остался с ними. И когда Он возлежал с ними, то, взяв хлеб, благословил, преломил и подал им. Тогда открылись у них глаза, и они узнали Его. Но Он стал невидим для них.*

Это история ужина в Эммаусе. Иисус проводил много времени со своими учениками, ходил с ними, объясняя им все тайны писаний. Затем они пошли на ужин и ученики узнали его, когда он преломил хлеб, а он в этот момент исчез из виду. Тот факт, что управляющий может не узнать присутствия, уже обсуждался нами. Интерпретация того, что произошло в Эммаусе может быть следующей: когда управляющий всё же узнаёт присутствие, происходит отделение, и, на самом деле, присутствие перестаёт проявляться на уровне многих 'я'.

Или можно сказать по-другому: управляющий начинает осознавать себя и третий глаз, как принадлежащие к разным мирам, и поэтому третий глаз обретает свободу и может соединится с присутствием. Это создаёт ощущение существования одновременно в трёх мирах: в мире четырёх низших центров, в мире управляющего и девятки червей, и в мире присутствия. Более того, если мир низших центров — это мир сна, оба — и управляющий, и присутствие — должны осознавать самих себя, друг друга и низшие миры. Так можно понять то, что Учитель имеет в виду под сущностью, осознающей себя, и присутствием, осознающем себя. Без длительной практики эта осведомленность легко теряется.

Тем не менее, всё это кажется значительно более сложным, чем на самом деле является. Просто, когда человек знает, что то, что он переживает, есть присутствие — и что это не то, чем является он сам, оно исчезает, и он больше не может переживать его как свое «Я». Всё становится очень простым, так что слова и идеи кажутся ненужными. Это не «Джирард» присутствует или присутствие началось. Просто. В конечном счёте, оно и есть сущность и виденье, которое приходит к человеку между воскресением и вознесением. Это очень просто. Просто ВЕ (будь).

Словарь

Аполло: Официальное местоположение и главный центр обучения Содружества.

Пробуждение: Процесс выхода из сна и вхождения в высокие состояния сознания, противоположные состоянию «сна».

Центр (в Содружестве): Формально объединенная группа студентов, живущая в определенном месте, имеющая назначенных директоров, являющаяся подобием местного отделения церкви Содружества.

Центры, высшие: Две высшие функции, известные как высший эмоциональный и высший интеллектуальный центры. Их работу можно испытать в высших состояниях сознания, приобрести которые человек может только в результате длительной работы над собой.

Центры, низшие: Четыре независимых ума или мозга, составляющие человеческое существо. Это инстинктивный центр, двигательный центр, эмоциональный центр и интеллектуальный центр. Каждый из них далее делится на интеллектуальную, эмоциональную, двигательную и инстинктивную части, каждая из которых в свою очередь состоит из интеллектуальной, эмоциональной, двигательной и инстинктивной части, давая понятие о частях центров.

Всё это представлено колодой обычных игральных карт. Каждая масть представляет собой один центр: трефы — инстинктивный центр, пики — двигательный центр, черви — эмоциональный центр, бубны — интеллектуальный центр. Лицевая сторона карты представляет части центра: валеты — двигательные и инстинктивные части (называемые также вместе механическими частями), дамы — эмоциональные, и короли — интеллектуальные части центров. Карты с номерами представляют собой части частей центров: восьмёрка, девятка и десятка — механическую, эмоциональную и интеллектуальную часть короля; пятерка, шестёрка и семёрка — соответствующие части дамы, а двойка, тройка и четвёрка — такие же части валета. Туз представляет собой весь центр.

Центры и их части так же разделены на позитивную и негативную части. Позитивная часть одобряет и ведёт человека по направлению к вещам, кажущимся благоприятными для этого центра или части центра. Негативная часть отказывается и уводит человека от вещей, которые кажутся вредными и опасными для центра или части центра.

Таким образом, если считать каждый центр разделённым на три части, каждая из которых, в свою очередь, разделена на три части (как в игральных картах), мы получаем тридцать шесть частей. Если считать, что каждая из них в свою очередь делится на позитивную и негативную части, в итоге мы получим цифру семьдесят два, цифру, достаточно часто используемую в Содружестве. Однако иногда каждый центр считают разделённым на четыре части, которые, в свою очередь, поделены на четыре, производя, таким образом, шестьдесят четыре части центров, соответствующих количеству квадратов на шахматной доске.

Коллин, Родни: Ученик Петра Успенского, чьи книги оказали значительное влияние на Систему и то, как её преподавали в Содружестве.

Сознательное существо: Человек, который достиг относительно постоянного уровня присутствия. Этот термин используется в применении к таким существам, как до, так и после смерти их физического тела.

Сознание, состояния: Согласно Системе человек может иметь четыре состояния сознания. Первое состояние — это сон, когда мы спим ночью в постели; второе состояние — это наше обычное состояние бодрствования. Однако, поскольку им обоим не хватает присутствия, о них говорится как о сне. Успенский определяет третье состояние сознания как осознание себя, а четвёртое состояние сознания как осознание мира таким, каков он есть. Так что третье и четвёртое состояния описывают уровни присутствия. Но в то время, когда это было написано, Содружество уже не сосредотачивалось на различии между этими состояниями. Вместо этого термин «третье состояние» использовался как синоним присутствия, а термин «четвёртое состояние» почти не использовали.

Учитывание, внешнее и внутреннее: Два способа, посредством которых человек может рассматривать своё отношение к другим людям. Учитывая внутренне, человек рассматривает свои нужды, мнения и отождествления как первостепенные, то есть человек помещает себя в центр, вовнутрь, и рассматривает других только по отношению к этому центру. Внешнее учитывание является практикой придания одинаковой важности как себе, так и другим. Таким образом эта точка зрения является внешней по отношению к человеку.

Божественное присутствие: Иногда используется, чтобы сказать о высшем состоянии присутствия, которое может быть достигнуто после долгого ВЕ в течение четырёх бессловесных дыханий.

Эмоциональный центр: Ум, выраженный в чувствах и эмоциях. Смотри: Центры, низшие.

Эмоциональная часть: Смотри: Дама.

Содружество: Содружество, школа четвёртого пути, официально признанная церковью в Соединённых Штатах. Джирард Хэйвен является учеником этой школы.

Форум Содружества: Ежемесячное издание для членов Содружества, содержащее очерки и статьи студентов о работе и жизни в Школе. Джирард Хэйвен был редактором этого издания с 1982 года по 1993 год.

Первое состояние: Смотри: Сознание, состояния.

Силы, Три: Три элемента или фактора, требующиеся для того, чтобы произошло любое реальное изменение или действие. Первая или активная сила начинает действие. Вторая сила, также называемая пассивной или силой сопротивления, каким-либо образом создаёт сопротивление первой силе: например, она может быть тем, на что направлено действие. Третья или нейтрализующая сила позволяет разрешиться сопротивлению, образующемуся между первыми двумя силами. Например, её можно увидеть, как среду, в которой действуют две другие силы, как возможность результата, как цель или намерение, скрывающееся за действием, как добавочный фактор или влияние. Вместе эти три силы формируют триаду, и прежде чем достигнуть желаемого результата, необходимо иметь правильную триаду или комбинацию сил.

Форматорный: Бездумный, автоматический ответ согласно существующим заранее, зафиксированным образцам или формам.

Форматорный ум: Механическая часть интеллектуального центра с подчёркнутой тенденцией придерживаться заранее сформированных мнений и идей без попытки какого-либо размышления о них.

Четыре Бессловесных Дыхания: Последние четыре дыхания последовательности, в течение которых человек делает попытку поддерживать состояние присутствия, не позволяя проявляться в интеллектуальном центре многим 'я'.

Галерея: Главное помещение для событий в Аполло.

Гурджиев, Георгий: Главный вдохновитель Системы, какой её учат в Содружестве. Он был основным представителем учения Четвёртого Пути в двадцатом веке и учителем Петра Успенского.

'я': (1) Наименьшая единица мысли, эмоции, движения или ощущения; минимальное проявление одного из четырёх низших центров, которое, несмотря на это, переживается человеком во втором состоянии сознания как нечто представляющее его целиком, как всего себя. Бытие обычного человека состоит из тысяч таких 'я', называемых вместе многие 'я'. (2) 'Я', выраженное в словах механической частью интеллектуального центра.

Отождествление: (1) Состояние, в котором внимание человека сфокусировано только на одной вещи, исключая что-либо ещё. (2) Помещение человеком ощущения себя во что-либо ещё, кроме состояния присутствия.

Воображаемая картина: Все ложные идеи о себе и о своих возможностях, в которые верит человек. Как таковые, они являются основой низшей сути.

Воображение: (1) Состояние, в котором внимание человека отдано вещам, на самом деле, не присутствующим в настоящем. (2) Противоположность присутствию; любая деятельность во втором состоянии сознания, которая не связана с усилиями, предпринимаемыми управляющим и девяткой червей для того, чтобы установить присутствие.

Влияние С: (1) Прямое влияние сознательных существ. (2) Действия не имеющих физического тела сознательных существ, которые работают открыто, чтобы помочь тем, кто пытается пробудиться.

Инстинктивный центр: Смотри: Центры, низшие.

Интеллектуальный центр: Смотри: Центры, низшие.

Валет центра: Механическая или двигательно-инстинктивная часть одного из четырёх низших центров, отличительным признаком которой является действие с небольшим или полным отсутствием внимания.

Ключ: Определённое слово, которое имеет один и тот же эзотерический внутренний смысл почти во всей эзотерической литературе. Ключи используются для обнаружения внутреннего смысла.

Король центра: Интеллектуальная часть одного из четырёх низших центров, отличительным признаком которой является действие, при котором внимание удерживается и направляется намеренно и с усилием.

Долгое ВЕ: Вторичное произнесение слова Ве в последовательности. Называется так, потому что приводит к четырём бессловесным дыханиям.

Низшая суть: (1) Вся машина, кроме управляющего и девятки червей, очищенных от любых других интересов, кроме присутствия. (2) Те 'я', привычки и отношения, что противостоят и подрывают присутствие.

Машина: Физическое тело и четыре низших центра, которые заключены в нём, особенно тогда, когда они рассматриваются с той точки зрения, что все их действия происходят автоматически в ответ на стимулы, приходящие к ним.

Многие 'я', Смотри 'я'.

Механичность: Автоматическое, ненамеренное функционирование четырёх низших центров.

Узкие врата: Ссылка на Евангелие от Матфея, 7:14: «Тесны врата и узок путь, ведущие в жизнь». Используется для того, чтобы сказать о переходе от четырёх низших центров к высшим центрам, о переходе из мира управляющего к миру божественного присутствия.

Девятка червей: Эмоциональная часть интеллектуальной части эмоционального центра. Это место расположения эмоций, которые одновременно сильны, но намеренны и находятся под контролем. В сущности, это источник эмоций, который требуется для достижения божественного присутствия.

Успенский, Пётр: Ученик Георгия Гурджиева, чьи книги «*В поисках чудесного*», «*Четвёртый путь*» и «*Психология возможной эволюции человека*» были главным источником Системы, изучение которой практиковали в Содружестве.

Присутствие: Третье и четвёртое состояние сознания, с ударением на то, что в этих состояниях внимание человека сфокусировано на присутствии. Противоположность воображению.

Дама центра: Эмоциональная часть одного из четырёх низших центров, её активность характеризуется вниманием, которое удерживается самой активностью.

Второе состояние: Смотри: Сознание, состояния.

Самовоспоминание: (1) Термин Успенского, обозначающий процесс, благодаря которому достигаются высшие состояния сознания. Подчёркивается тот факт, что в высших состояниях человек одновременно осознаёт и себя и своё осознание. (2) Состояние, достигнутое в результате успешного самовоспоминания, третье и четвёртое состояния.

Последовательность: Шесть односложных рабочих 'я', настроенных на ритм дыхания, цель которых — достичь состояния присутствия с последующими четырьмя бессловесными дыханиями божественного присутствия. Первая часть последовательности состоит из слов Be, Hold, Theme, Back, Theme, and Be, где темой является любое другое из тридцати великих рабочих 'я'.

Семёрка червей: Интеллектуальная часть эмоциональной части эмоционального центра. Часто противостоит девятке червей.

Краткое Be: Первое произнесение слова Be в последовательности. Так называется потому, что в противоположность Долгому BE длится в течение одного дыхания.

Сон: Состояние воображения или отождествления, в котором человеку недостаёт осведомленности о себе и он действует автоматически и механически в ответ на стимулы, которых по большей части не осознаёт. Второе состояние.

Управляющий: Рабочие 'я' человека в том смысле, что они формируют единую личность, стремящуюся к присутствию. Высшее проявление управляющего — последовательность.

Студент: Работающий над собой представитель Содружества.

Система: Идеи, изложенные Петром Успенским, как они изменялись и преподавались в Содружестве. Учение Содружества в течение первых тридцати лет своего существования.

Учитель: Основатель и духовный лидер Содружества.

Десять тысяч: Все 'я', кроме рабочих 'я'. Многие 'я'.

Третий Глаз: Часть в человеке, способная к сознанию. В основном используется как синоним присутствия.

Третье состояние: Смотри: Сознание, состояния.

Тридцать Рабочих 'я': Список, состоящий из тридцати односложных рабочих 'я', заключающий в себе всю работу развитого управляющего.

Бродяга: Одна из главных черт личности в наши времена. Характеризуется неспособностью ценить что-либо, как материальное, так и психологическое. Для бродяги нет ничего, что имело бы значение, нет необходимости испытывать эмоции по поводу чего-либо и лучше всего «плыть по течению».

Триада: Смотри: Силы, три.

Проверка: Основополагающий принцип Системы, который говорит о том, что человек не должен ничему верить, но проверять все сам.

Работа: (1) Усилия, благодаря которым человек может пробудиться. (2) Усилия, рассматриваемые в масштабе времени.

Рабочее 'я': 'Я', поддерживающее практическую работу в моменте. 'Я' управляющего.

Мир 6, 12, 24, 48, 96: Идея Успенского о разных уровнях в человеке и мире, в котором он живёт. Мир 96 есть уровень воображения, в котором жизнь человека основывается на его воображаемой картине о себе. Мир 48 относится к уровню, на котором жизнь человека основана на истинном понимании себя и своих возможностей. Мир 24 есть мир сущности, где человек в действительности отделен от личности. Это мир девятки червей и источник настоящих усилий присутствовать. Миры 12 и 6 относятся к уровням присутствия и достигаются только как результат единства работы и благодати.

http://www.bluelogic.us/

www.ingramcontent.com/pod-product-compliance
Lightning Source LLC
Chambersburg PA
CBHW051404290426
44108CB00015B/2145